ビジネスシーン

VUCA / Post Capitalism / Metaverse / Web3.0 / Multi-habitation / Marketing / Bullshit Job etc...

を生き抜くための
仏教思考

A Buddha's Ideas
for Surviving in the Business Scene

松波龍源 著 ／ 野村高文 編集

イースト・プレス

ビジネスシーンを生き抜くための仏教思考

はじめに

出会い――ロジカルで現代的な仏教思想に驚嘆

こんにちは。『ビジネスシーンを生き抜くための仏教思考』を手にとっていただき、誠にありがとうございます。音声プロデューサーの野村高文と申します。

本書は音声プラットフォーム「Audible」で配信されたポッドキャスト（音声番組）「ゆかいな知性 仏教編」をもとに、大幅な改稿をおこなったものです。

「ゆかいな知性」は人文科学を中心に、専門家の方との1対1のトークで、その分野の知見を雑談も交えて語っていく番組です。リスナーのみなさんに、聴いたあとに「ちょっと世界が違って見える」体験を提供することをめざしています。

なぜこの番組を作ったかというと、「先人が残してくれたものには、必ず意味がある」と考えているからです。日々、ニュースや新しいサービス、テクノロジーの情報が更新され続ける昨今ですが、最新の話題はいっとき話題を集めたとしても、すぐに消えていく運命にあります。

一方で、時の試練を耐え抜いた先人の知恵は普遍性を持っており、今後も簡単に消えることはありません。環境変化の激しい時代だからこそ、先人たちが残したものに真摯に耳を傾け、現代を生きるうえでの指標とすべきなのではないか。私はそう考えています。

その番組のスピーカーとして、本書の著者である僧侶の松波龍源さんの顔が思い浮かびました。龍源さんに「仏教」を語ってもらったら、きっと世の中にない音声番組ができるに違いない。そう思った私は、すぐに企画書をしたためました。

仏教と聞くと、多くの日本人にとっては、法要やお葬式のイメージが強いかもしれません。もしくは何かをお願いしたいとき、お寺にお参りにいく程度でしょうか。お坊さんについても、こうした儀式でお経を唱えたり、参列者の前でありがたい話をしたりする姿を想像する人が多いと思います。

しかし龍源さんは、日本人が仏教に抱くこれらのイメージは、本来の仏教の姿からはかけ離れていると言います。その理由は本書で触れていきますが、龍源さんはそうした点に問題意識を抱き、開祖であるゴータマ・シッダールタ（釈迦牟尼）が志した仏教本来の役割を現代に蘇らせようと、京都で「実験寺院・寳幢寺」というお寺を運営しています。

龍源さんと出会ったのは、２０２１年にポッドキャスト「a scope ～リベラルアーツで世界を視る目が変わる〜」を制作したときのことです。この番組は株式会社COTEN代表取締役の深井龍之介さんと私がホストを務め、各学問に精通したゲストとともに「現代人にとっての教養」を考える内容でした。その中の1回に、深井さんのご縁から龍源さんにご出演いただいたのです。

その収録で味わった知的興奮は、言葉に尽くしがたいものがありました。龍源さんのお話を聴いていると、仏教の思想体系が本当に論理的で、細部まで穴がないことを実感します。しかもそれは埃をかぶった昔の話ではなく、現代人の悩みを解決する最先端の知恵であるとわかる。ただただ、驚嘆しながらお話を伺ったことを覚えています。

仏教をもっと深く知りたいと思った私は、龍源さんに新番組への出演をオファーしました。全24回にわたるポッドキャスト収録は、私自身、何度も目を見開くような、本当に贅沢な時間でした。本書では、そのエッセンスを凝縮してお届けします。

今の自分に、社会に、世界に不安を抱くすべての人へ

さてみなさんは、私たちが生きるこの世界を、どのように認識しているでしょうか。

私の答えを述べるならば「とてつもない勢いで、にわかには信じられないことが連日のように起きる時代」です。

原因不明のウイルスにより世界で何百万人という人々が亡くなり、経済活動もストップ。核兵器を持った国が他国に戦争を仕掛け、その出口は見えないままです。平和を謳歌していたわが国では、元首相が銃弾に倒れ、現職の首相が襲撃されました。

これらはすべて、わずか数年の間に起きたことです。

思わず「こんなことが起きるのか」と呟きたくなる変化を目の当たりにし、驚き、疲れ、立ち往生してしまっている人も多いことと思います。

しかし歴史を振り返れば、感染症も、戦争も、テロも、すべて繰り返されてきたことです。とくに古代社会では、現代よりも人命は簡単に失われてきましたし、経済格差も比べ物にならないほど甚大でした。

そのような中、「人々の苦しみを取り除く」という思想のもと、登場したのが仏教です。当時の社会状況をみて、釈迦牟尼は「苦しみ」という事象に正面から向き合いました。そして人々に、苦しみに向き合うための知恵を授けました。

そんな仏教の知恵は、現代にも大きなヒントを与えてくれます。

現代では多くの人が苦しみを抱えています。仕事がしんどい、他人とうまく付き合えない、健康に不安がある、お金がない……。古代よりも物質的には段違いに豊かになったはずなのに、承認欲求が満たされない、必要ないものまで欲しくなってしまう、他人と比較してしまう、といった新たな悩みも浮上しています。

私たちはなぜ、苦しみから抜け出せないのでしょうか。本書ではその苦しみの正体に迫りながら、釈迦牟尼の思想をひもとき、向き合う方法を考えていきます。

「脱・宗教」としての仏教思考を実装せよ

本書は3部構成になっています。

第1部では、現代のさまざまな事象に対して、仏教の視点から見えてくることを語っていきます。取り上げるキーワードは「ポスト資本主義」「メタバース」「バズと承認欲求」など。きっと想像以上に、仏教が現代の課題にヒントを与えてくれるものだと感じるでしょう。

第2部では仏教の思想体系について、少し専門的に解説していきます。一度は耳にしたことがある、でも意味を知っているようで知らない「因果・縁起」「唯識」「色即是空」「諸行無常」といったキーワードを取り上げます。全体を読んだとき、仏教の首尾一貫性に驚かれる人も多いと思います。

ある思想を理解するには、それと異なる思想に触れ、両者を比較することが有効です。そこで第3部では、ギリシャ哲学、キリスト教、ヒンドゥー教など、他の思想体系に触れながら、仏教との違いを読み解いていきます。さらに、釈迦牟尼がインドで開いたオリジナルの仏教が、中国を経て日本に伝わる過程でどのように変質したかにも触れていきます。

これを読むと、われわれ日本人がイメージする「お葬式や法要のときだけ登場する」仏教が、相当に特殊なものであることがわかります。そして、本来の仏教はもっとシンプルで、人々に寄り添う、実用的なものであると理解できるはずです。

さて私はここまで、仏教を説明する際に「宗教」という言葉を使いませんでした。龍源さんは仏教を「宗教」ではなく「思想」と捉えているからです。

というのも仏教は、何か大きなものに救いを求めるのではなく、個人個人が自分なりの視点で世界を認識することを促すものだからです。

これが、本書で提示する「仏教思考」の根幹です。そしてこの思考は、無数の選択肢があり、一方で正解も見えない現代だからこそ必要とされると信じています。

最初から順番に読んでも、興味のある部分から読んでも楽しめる構成になっています。

さあ、前置きはこれくらいにして、ぜひページをめくってください。

2023年8月　音声プロデューサー／編集者　野村高文

はじめに……2

第1部
現代社会の事象を仏教の視点から読み解くと

PART 1 VUCAの時代……20
「VUCAの時代」は、今に始まったことではない／世の中はコントロールできないことのほうが多い

PART 2 ポスト資本主義……27
資本主義の「しんどさ」から脱却するための視点／なぜ、現代社会を生きるのがしんどいのか／人を幸せにするのは、社会制度よりも心のあり方／「三方よし」の仏教哲学的ロジック／きわめてロジカルな「輪廻転生」の哲学／仏教がいう善悪とは

PART 3 メタバース …… 42
メタバースと仏教の相性がよい理由／この世界も、仏教から見ればメタバース!?／「さとる」ことで、メタ世界の片鱗を見ることができる？／メタな視点で「死」を考えてみる

PART 4 Web3・0 …… 53
密教とWeb3・0の相似する構造／ティール組織や『攻殻機動隊』にみる密教的要素／仏教もインターネットのように進化してきた／分散的な世界で求められる、一人一人の叡智

PART 5 多拠点生活(マルチハビテーション) …… 64
「家」を持たない女子大学生は、何を考えているか／仏教は多拠点生活をスタンダードとして始まった／寺を成立させる「布施」の概念／仏教的な価値観が現代人にフィットする理由

PART 6 消費社会とマーケティング …… 73

欲望は、仏教哲学においても巨大なテーマ／苦しみや喜びは、ただ自分の中にしか存在しない／マイナスな出来事をプラスに変えるには／人間の欲望に合わせて仏教そのものが変化した／「過去は変えられない」と思っていたけれど……

PART 7 ブルシット・ジョブ……82

ブルシット・ジョブを「作り出す側」と「させられる側」／無意味としか思えなかった修行時代の掃除／その作業をブルシットでなくすために「閾値」を超える／人は直接体験しなければ納得できない生き物／言語が体験を間接的に後押しする

PART 8 バズと承認欲求……94

注目されたいと思うのは、ごく自然なこと／SNSでつい「盛ってしまう」のはなぜか／釈迦牟尼だって文句を言われていた／SNSとうまくつき合うキーワードは「利他」

COLUMN 1 「寺の子」ではない私がお坊さんになったわけ……104

ミイラに魅せられた神秘好きの松波少年／仏教に目覚めたのに、志したのは武道／まるで映画のような、中国でのマンツーマン武術修行／武術の指導者になるはずが、流れで出家!?／ミャンマーのように仏教が浸透した社会をつくりたい

第2部 論理（ロジック）でわかる仏教の思考体系

PART 9 一切皆苦 …… 120

「一切皆苦」はポジティブな教え／「苦」を認識して初めて、その回避策が取れる／きわめて仏教的な『スター・ウォーズ』ヨーダの教え／最大の苦しみ「死」をどのように考えるか／一切皆苦を日々の生活に生かすには

PART 10 因果・縁起 …… 131

仏教の根本となる4つの聖なる教え／とても科学的・現代的な因果の概念／「因」を「果」たらしめるのが「縁」／「善」「悪」の区別も因果で説明できる

PART 11 空 142

「空」は「無」ではない／「空」は西洋哲学における形而上の真理／本当の「真ん中」は、右と左の中間ではない／さとりのゴールは「空」だった／「空」はポジティブに生きるためのライフハック

PART 12 唯識 155

絶対的なものはないと言うけれど、目の前にあるじゃないか／世界は、それを認識する人の数だけ存在する／唯識の理論は、量子力学とよく似ている／フロイトの「無意識論」とも近い、唯識論の8段階／いいことも悪いことも、連鎖的に起こるのは理由がある／唯識派は「自分を仏陀と認識する」状態を目指した／ヨーガ・瞑想の仏教哲学的なメリット

PART 13 上座部仏教・大乗仏教 172

両者の決定的な違いは、「仏陀」の定義／上座部仏教に流れる「一つの宇宙に一人の仏陀」という世界観／大乗仏教のポイントは、時代や環境にフィットさせること／「さまざまな仏陀」から仏教の最新バージョンが生まれてきた

／仏陀は、いわばインストラクター

PART 14
諸行無常 …… 184
日本とインド仏教の「諸行無常」は大きく異なる／良いことも悪いことも、永遠には続かない／さとりに近づくための四念処（しねんじょ）／仏教は、世界の哲学や宗教の中でも「変わり者」

PART 15
利他 …… 194
利他のために、まず「私」を考える／自己犠牲は利他ではない／小さな虫を弾き飛ばしてはいけない理由／「空」の思想は争いを回避するヒントになる／欧米の寄付文化を仏教的に見ると

PART 16
さとり・修行 …… 205
「修行」という言葉、その仏教的な意味は？／結局、「さとり」とは何か／「私は滝かもしれない」と感じた修行時代のこと／論理を学ばずに修行だけをしてしまうと……／修行のさまざまなバリエーション

COLUMN 2 現代社会で「真の仏教」を実践できるか？ …… 217

盟友との運命的な出会い、実験寺院の萌芽／理想を求め、お坊さんの戒律を全部守ってみた↓大失敗！／自分たちの考えるお寺のあり方を、社会に提示したい／寳幢寺が「お布施だけで運営」にこだわる理由／今こそ思い出せ、革新派としての大乗スピリット

第3部

仏教の視点を比較する

PART 17 哲学と仏教① ～ギリシャ哲学～ …… 234

ギリシャ哲学と仏教はよく似ていた？／善は「実在する」としたプラトンと仏教の違いとは／似ているけれど決定的に違う二つの論点／キリスト教の登場で、西洋思想は仏教と正反対に／映画から垣間見える、キリスト教の絶大な影響

PART 18
哲学と仏教②～西洋哲学～ …… 244
「神は絶対」のキリスト教的価値観を揺るがしたペスト／ペストの恐怖から「さとった」人がいた／神から「自立」し「理性」を大切にした近代哲学／現代に近づくにつれ、認識にフォーカスするように／弁証法的な価値観を卒業しよう

PART 19
インドの他の宗教と仏教 …… 254
インドの精神文化の原点とは／バラモン教を軸に、あらゆる信仰を取り入れたヒンドゥー教／仏教が因果説を強調する理由／「優しすぎる」ゆえに「厳しすぎる」ジャイナ教／ヒンドゥー教は農民層に、仏教は商人層に広まった

PART 20
中国で変容した仏教 …… 267
インドと中国の考え方の違いが仏教のカスタマイズを生んだ／バラバラの順序で仏教を受け入れ、中国は大混乱／混乱を解消した「救世主」、天台智顗／「山に籠って修行する仙人」のイメージは中国で生まれた／もはや有神

本書をお読みいただくにあたって

- 仏教の開祖ゴータマ・シッダールタを「釈迦牟尼（しゃかむに）」と表記しています。
- 本書の内容は大乗仏教を前提としています。本文で「仏教では」という表記がある場合は「大乗仏教では」の意味です。
- 仏教で目指す「さとり」は、宗派によって「悟り」「覚り」と表記が異なるため、ひらがなで記します。
- 本書の第2部の用語解説は、中村元『広説 佛教語大辞典』（東京書籍、1981年）を引用・参照しています。
- 本書のもとになったポッドキャスト『ゆかいな知性 仏教編』は以下からお聴きいただけます。
  https://www.audible.co.jp/pd/B0B72DSBMW

論の阿弥陀信仰

PART 21 日本の文化と仏教① …… 279

「国家の統治ツール」として輸入された日本の仏教／神仏習合のパイオニアは聖武天皇？／日本にもダライ・ラマ制度ができていたかもしれない／新たな精神的支柱をつくった最澄と空海／「鎌倉新仏教が日本の仏教を一新」って本当？

PART 22 日本の文化と仏教② …… 291

「仏教の神道化」の象徴、檀家制度／制度として浸透しても、人々の心には浸透しなかった／はからずも日本で、仏教がバラモン教に先祖返り／思考の土台・材料として、本来の仏教を提示したい／ティール組織やDAOにするだけではうまくいかない理由／一人一人が「自分ごと」で考えることが、社会を動かす

おわりに …… 303

第1部

現代社会の事象を仏教の視点から読み解くと

みなさん、初めまして。京都で実験寺院寶幢寺を預かっております、真言宗僧侶の松波龍源です。

本書を手に取ってくださった方は、ご自身の生き方や、私たちが生きる社会に心もとなさを覚え、何かしら「今のままではいけない」と感じておられるのかもしれません。

現代社会は物質面での豊かさがひと通り満たされ、ずいぶん前から「心の時代」といわれています。**ここ数年の世の中の動きを見ると、いよいよ本格的に、時代は変革期に突入したようです。社会のあり方が変わるのですから、不安になるのは当然です。そのとき生きる指針になり得るものの一つが、仏教なのではないかと私は考えています。**

仏教は、キリスト教、イスラム教と並んで世界三大宗教といわれます。日本では葬式や法事、寺参りなど、古くから人々の生活に根ざした慣習のように位置づけられています。

しかし私は、仏教を宗教や慣習という枠に押し込めるのは、少し違うのではないかと感じるのです。じゃあいったい何なのか。それは、人の生き方です。哲学といってもいいでしょう。

仏教の開祖である釈迦牟尼（ゴータマ・シッダールタ）は、人間が「どのように考え、どのように行動すれば心豊かに生きられるのか」を、人生を懸けて考え抜いた人でした。

その教えをひとことで表すと、「よく考えなさい」です。何かに思考や生き方を預けることなく、自分自身でよく考え、その時々の状況に合わせていく。「これを信じよ」「こうしなければいけない」というものではありません。私が仏教を「宗教と少し違う」と思う理由は、ここにあります。

現代は混迷の時代といわれます。不安定な世界情勢、テクノロジーによる急激な社会の変化、資本主義の限界……。今まで絶対的であった資産やキャリアの価値が揺らぎ始めて、先が見えないと感じることがあるでしょう。

そんなときに道を切り開くヒントを与えてくれるのが、哲学としての仏教です。釈迦牟尼が考えた人間・世界のあり方を現代向けにアップデートし、自分自身や社会に実装すれば、変化の激しい時代もしなやかに生きられる。むしろこんな時代にこそ、仏教の真価が発揮されるのかもしれません。

私がこう言っても、僧侶ゆえのポジショントークだと感じる方もいらっしゃるでしょう。そこで第1部では、現代社会を象徴する最先端のキーワードを仏教の観点から読み解いていきます。2500年前に興った仏教哲学とみなさんが日常的に触れている話題が、意外にも親和性が高いことに納得していただけると思います。

それでは、世界を見る目が変わる、仏教の世界を旅していきましょう。

PART 1

【VUCAの時代】

［ＶＵＣＡ－の－じだい］

Ｖ（Volatility：変動性）、Ｕ（Uncertainty：不確実性）、Ｃ（Complexity：複雑性）、Ａ（Ambiguity：曖昧性）の頭文字をとった言葉で、日本では「ブーカ」と読まれる。「先行きが不透明で、将来の予測が困難な状態」を示す。

テクノロジーの進化、不安定な世界情勢、気候変動や新型コロナウイルス感染症の流行など、社会・経済環境の急激かつイレギュラーな変化によって、これまでスタンダードだと思われてきたことが揺らぎ、予測困難になりつつある現代の世相を表す言葉として使われる。

２０１０年代には経営やマネジメントの文脈においても、取り上げられるようになった。日本でこの言葉が広く知られるようになったのは２０１９年。経済産業省が発表した人材競争力強化に関する提言で、「経営トップが率先して、ＶＵＣＡ時代におけるミッション・ビジョンの実現を目指し、組織や企業文化の変革を進めること」を掲げたことが、きっかけといわれる。

「VUCAの時代」は、今に始まったことではない

PART1のテーマは「VUCAの時代」です。冒頭にある通り、VUCAとはVolatility（変動性）、Uncertainty（不確実性）、Complexity（複雑性）、Ambiguity（曖昧性）の頭文字を取った言葉で、社会やビジネスシーンなどのあらゆる場面において、変化が激しく、予測不可能なことが連続して起こる状態を意味します。

みなさんが身を置くビジネスの世界では「VUCAの時代だからこれまで以上にキャリアを考えないといけない」とか、「今うまくいっていても、VUCAの時代だから3年先はどうなっているかわからない」という文脈で使われることが多いと思います。急激な社会環境の変化により、未来を予測しづらくなってきた。これまでと同じやり方では通用しない可能性が高くなってきたから、対応するのがしんどい、大変だと感じられるわけです。

しかし私は、**この5年、10年でとりたてて世の中の不確実性が高まったとは考えません**。そもそも、ものごとの複雑さやあいまいさ、不確実性は、時代によって増えたり減ったりするものではないはずです。

その不確実性に気づかずに「こうなったら、こうなる」とものごとの関係を固定的に見

ることが、しんどさの原因になっているように思います。

仏教的な視点では、人々が生きて経験するものごとは、非常に多くのファクター（要因）の因果関係で成り立っていると考えます。あらゆるものごとには原因があり、そこに「縁」と呼ばれる作用があった結果、認知可能な状態で現出してくるのです。これを仏教用語で「**因縁生起**（いんねんしょうき）▽P.137」といいます。

その因果・因縁も1対1の関係ではなく、いろんな要素が複雑なネットワークのように絡まっていて、われわれはその中の一点を、現在の時空間で認識しているにすぎないと考えます。つまり、**ものごとに絶対性はなく、すべてが相対性で成り立っているのです**。この絶対性のなさは「**空**（くう）▽P.142」と表されますが、詳しくは第2部で解説します。

ですから、その関係のネットワークの一部、たとえそれがごく微細なものであったとしても、その変化は全体に影響を与えます。

たとえば「1年後の会社の状態」を考えてみてください。そこに絡むファクターが多すぎるため、予測できない（＝絶対性がない）と考えるほうが自然なのです。

原始経典[01]には、釈迦牟尼がガンジス川の細かい土を爪に乗せて「この爪に乗る土くれほども、変化しないものはないのだ」と言ったと記されています。

01 **原始経典**
釈迦牟尼が実際に語ったことを記述した古層の経典。

あらゆるものは変化し、一瞬たりともとどまっていないのだから、何かを固定的に考えて執着すると、苦しみの原因になるというわけです。この教えこそまさに、今でいうところのＶＵＣＡではないでしょうか。

世の中はコントロールできないことのほうが多い

私は何も、未来を予測するなと言っているわけではありません。未来予測は、生物ではおそらく人間だけに与えられた特別な能力ですから、大いに発揮するべきでしょう。

ただ、世の中には自分のコントロールが及ばないこともたくさんあります。むしろ、そちらのほうが多いかもしれません。たとえば「これだけ頑張ったのだから、試験に受かるはずだ」「これだけの経験を持っているのだから、Ａ社の面接に落ちるはずはない」などと考えたことはありませんか。しかし「一寸先は闇」という言葉があるように、何が起こるかはその瞬間までわからない。

それなのに、私たちは予測可能、コントロール可能だと思い込み「こうなるはずだ」と固定的に考えがちです。それは苦しみが発生する原因となります。それを見直すための思考を提案するのが、仏教なのです。

今後何度も登場しますが、**すべての仏教の教えは「苦しみを発生させないように**▽P.133**」という考えが根本にあります。**未来を予測することは大切ですが、その未来を確実なものにしようとするあまり、「予測通りに進まなかった」という苦しみを生んでしまっては本末転倒です。

釈迦牟尼はよく「今を生きよ」と言います。「自分がここにいる」「何かが発生している」と認識できる瞬間は、今しかありません。過去の結果が「今」であり、未来の原因が「今」なのです。

過去は参考にすべきですが、その再現性は不確実です。未来は予測できますが、その可能性も不確実。確かなのは「今この瞬間」しかありません。

過去を振り返ること、未来を予測すること、今を生きること。この3つのバランスが取れずにどれかに偏ると、苦しみが生まれてしまうのだと思います。

人類は、言語を獲得し思考できるようになった時点で、こうした苦しみを味わわざるを得ない宿命を背負いました。だから**苦しみをゼロにすることはできなくても、何とか制御して、経験しなくてもよい苦しみから脱却しようとする。これが仏教の大きなテーマ**です。

未来の不確実性から目を背けることで苦しみが生まれるという考え方を述べてきましたが、たった一つ、確実・絶対に訪れる未来の現象があります。それが「死」です。死は、われわれ人間にとって、最も目を背けたい未来の姿です。これも、未来予測ができる人間特有の苦痛なのかもしれません。自分が死ぬことを知っていて、それを恐れる生き物は人間だけでしょう。

仏教には「死を考えなさい」「死を克服しなさい」という教えがよく出てきますが、それは予測可能な究極の「苦」である死に対する恐怖を越えられれば、他の苦しみもクリアできるという意味なのだと思います。

自分はいずれ死ぬ、ということ以外、ものごとに絶対性はない。その自分の死さえも、大きな因果関係というネットワークの中でいかなる意味を持つのか、それは予測不可能である。だから未来に対して固定的な予断を持たず、しっかり「今」なすべきことをなしていこう。

これが仏教の考え方です。つまり、**世界がVUCAになったのではなく、はじめから世界はVUCAなのです**。こう考えると、ちょっと気持ちが楽になりませんか？

釈迦牟尼は次のように教えたといいます。

過去を思い悩むな、未来に思いを懸けるな。
過去は過ぎ去った、未来はいまだ来ていない。
今のあり方にこそ、心を注ぎなさい。
すべてを固定的にとらえないこと、覚者のさとりとはそのことである。

人はどうすれば、幸せで、充実した人生を送ることができるのか。それを真剣かつ現実的に、2500年の長きにわたって考え続けてきたのが仏教です。本書で紹介するいにしえの叡智は、現代を生きるわれわれにとっても、きっと大いに役立つはずです。

PART 2

【ポスト資本主義】

［ぽすと－しほん－しゅぎ］

21世紀以降、資本主義の負の側面として、一部の企業や組織による既得権益と富の独占が指摘されるようになった。貧困や格差の広がり、労働者からの搾取、地球環境の悪化など、経済成長を前提とした資本主義社会の限界が見え始めている。そのような昨今において社会の「次」のあり方を模索する概念が、ポスト資本主義である。

その思想に基づいたアクションとして、カーシェアやシェアハウスなど、これまで個人や世帯ごとに所有していたものをみんなで使うシェアリングエコノミー、目標の達成に向けて広く一般から資金を募るクラウドファンディング、不要になった家具家電を近隣に住む人に無料または安価で譲るサービス、地域のコミュニティに貢献するとポイントが付与され、買い物やサービスに使える地域通貨などがある。

事例はさまざまだが、どの取り組みも、利益を特定層だけでなく社会全体へ行き渡らせようとする点は共通している。

資本主義の「しんどさ」から脱却するための視点

ＰＡＲＴ２のテーマは「ポスト資本主義」です。人類が資本主義を発明して以来、経済は飛躍的に成長し、そのおかげで私たちは便利で豊かな生活を享受してきました。

ただ、物質的な豊かさが行き渡った昨今は、その負の側面が目立つようになっています。経済成長を優先すれば地球環境に負荷がかかりますし、資本主義の性質上、富が特定の人に集中するため、一方で日々の生活さえままならない人が以前より増えています。厚生労働省がおこなった２０２３年度の調査では、相対的貧困率は15・4パーセントに達しており、日本人の約６・５人に１人が貧困という結果が出ています。もはや他人事ではありません。

要するに、今の社会のあり方はベストではない。グッドどころか、かなりしんどいわけです。じゃあどうしたらいいのかと次の社会のあり方、つまり「ポスト資本主義」を考えようとする動きが広がっています。

ポスト資本主義を模索する動きには、どんなものがあるでしょうか。

株式会社を例に考えてみると、これまでは株主の利益が最優先とされてきましたが、最近では取引先や従業員、地球環境にも同時に配慮することが求められるようになってきました。「ステークホルダー資本主義」ともいわれ、江戸時代の近江商人の思想「三方よし（売り手よし、買い手よし、世間よし）」が見直されるような議論も起きています。

またカーシェアやシェアハウスなどのシェアリングエコノミーは、個人レベルのアクションとしてすでに普及しつつあります。今まで個人や家庭で一つずつ所有していたものをみんなで使うことで、利用者の経済的負担や環境への負荷が軽減されるのです。

実は私たちが運営する寳幢寺も、ポスト資本主義を模索するアクションの一つです。**今の社会をより良く生きるにはどうしたらいいか。この問いを突き詰めていったとき、私は「仏教だ」と考えました。**

その仮説が合っているかを証明すべく、さまざまな取り組みを試すから「実験寺院」なのです。まだ明確な答えは得られていないものの、たくさんの方が興味を持って寳幢寺を訪ねてくださるので、今のところ、仮説は間違っていないのではないかと考えています。

なぜ、現代社会を生きるのがしんどいのか

ポスト資本主義の前に、まず今の「しんどい」社会はどういったシステムなのか考えてみましょう。

私たちが生きる先進国の現代社会は、資本主義が社会のOS（基本システム）のようになっています。この社会を論じるときの一つのポイントが、**「唯物論・進化史観・弁証法」**です。

急に哲学的な言葉が三つも出てきましたが、焦らないでください。一つずつ説明しますね。

唯物論[01]とは文字通り「ただ、物だけがある」という意味です。現代社会はまさに、この唯物論で回っていると言っても過言ではありません。というのも、**定量的に観測できるもの、つまり数値化できるものだけで社会が設計されている**からです。

たとえば、企業活動を見てみましょう。バランスシート（貸借対照表）には数値で表せるものだけが記載されます。最近では従業員満足度などを調査することもありますが、企業を評価する公の指標にはなっていません。これはまさしく唯物論です。

この唯物論とともにあるのが、進化史観です。新しく生まれるものは古くから存在したものより良くなっていく、進化していくはずだという考え方です。そして、この進化史観に基づく思考法として、西洋哲学に特徴的な弁証法があります。

弁証法とは、対立するAとBがあるとき、それがぶつかり統合されることで、さらなる

01 唯物論
物質のみを真の存在として、最重要視する考え方。そのため精神は派生的なものであるとされる。

弁証法の思考とは

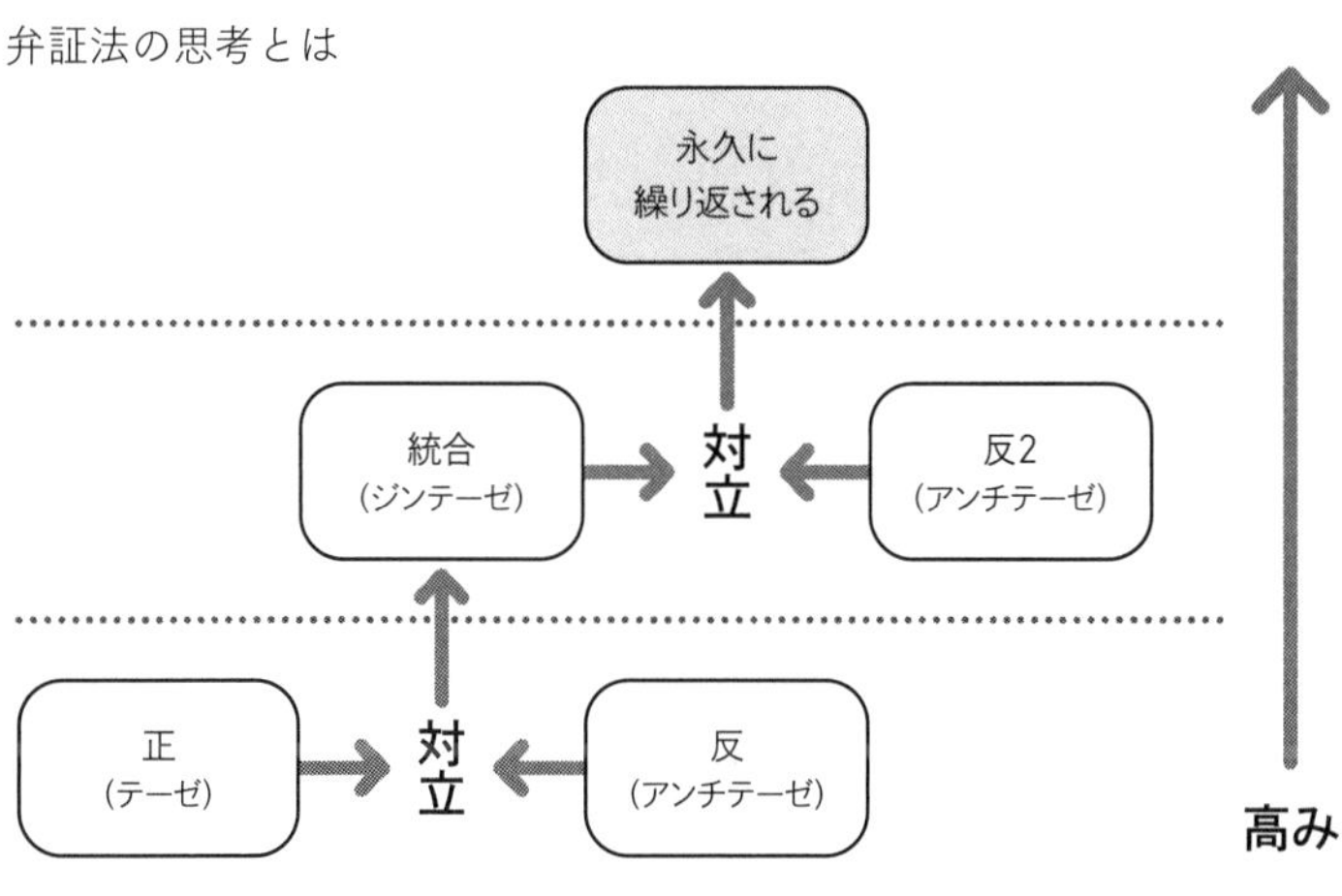

高みへ進み、それを繰り返すことで究極の真理へ進むという概念です。18世紀の哲学者ヘーゲルによって定式化されました。現代の資本主義はこれら西洋由来の世界観を背骨に、社会のOSとして機能しています。

ところで、唯物論をベースにして社会を考えると、心の問題は「ない」ことになります。物質的に満たされれば心も幸せになるはず、という思想だからです。

しかし実際には「出世して給料が上がった。地位も上がった。けれどむしろストレスが増えた……」という人が山ほどいます。

進化史観は、われわれに「向上する」ことを強いてきます。心地よい状態にとどまることは否定されがちで、より良き状態への進化を求められます。その「良き状態」は幻想かもしれないのに、目に見える結果が常に必要とされるのです。

そして弁証法は、永遠の「闘争」を生み続けます。対立概念の併存は認められず、どちらか「正しいほう」の選択か、第三の道へ「進化」するしかありません。絶対的勝者が決まるまで、「闘争」は続いてしまうのです。

しかし、そのような「絶対的な何か」はあり得るのでしょうか、「個人の心」は無視していいのでしょうか。敗者は淘汰されるべきでしょうか。一神教的な宗教としては「あり」かもしれませんが、人類のOSとしてはどうなのでしょう。

このような社会では、しんどいのは当然のことかもしれません。

人を幸せにするのは、社会制度よりも心のあり方

現代社会を考えるうえで大切なのは、一人一人の「心のあり方」です。

現代社会を〝現代的〟たらしめているものの一つに、社会制度があります。民主主義などの統治システムに始まり、法律や年金、保険など、さまざまな社会制度に準じ、守られることで私たちは生きています。

それはとても素晴らしいことですが、**社会制度に目を向けすぎて、それを使って生きているー人一人の心のあり方を軽視している**のではないでしょうか。先ほど述べた唯物論で

考えると、心の問題が「ない」ことになる、という話にもつながります。

たしかに社会制度が悪ければ、そこに生きる人が不幸になる可能性は高いでしょう。反対に良い制度下であれば幸せに生きられる可能性は高まりますが、制度さえあれば100パーセント全員が幸せになれるわけではありません。

制度には、それを運用する人間の心のあり方が表れます。どんなに素晴らしい制度を作っても、それをハックして一人勝ちを狙う人がいれば、社会はまともに機能しなくなってしまう。

逆にいえば、心のあり方を重視することが、現代社会のしんどさを脱却する鍵になるのではないでしょうか。

それをよく表しているのが、20世紀半ばにスリランカのA・T・アリヤラトネという社会活動家が提唱した「サルボダヤ運動」です。

サルボダヤとは「すべての目覚め」という意味で、仏教的な精神に基づき、一人一人の個人が目覚め、賢くなって自立し、非暴力的に社会変革をめざす運動です。

ここでいう賢さとは、小賢(こざか)しさではなく真の叡智です。たとえ政治が腐敗していても、道路が舗装されていない地方の村でも、そこにいる人々がじゅうぶんに叡智を磨いたならば、自分たちの力で豊かに生きていくことは可能であり、そこは理想郷になり得ると考えます。

この考え方は、われわれが生きる現代社会でも有効ではないでしょうか。**政治や社会保障制度はもちろん大切ですが、同時に自分自身はどうなのか。**それを省みることなくすべて政治や制度の問題だと考えるのは、誠実な態度ではありません。

①社会全体が無自覚に前提視してしまっている世界観と、②そこに生きる一人一人の心の問題。われわれが直面する社会課題を解消するには、この二つを合わせて考えることが必要なのです。

「三方よし」の仏教哲学的ロジック

次に、矛盾が目立つようになってきている資本主義そのものについて考えてみます。資本主義の性質上、短期的・個別的な利益の追求が最適解となりがちです。従業員のプライベートを犠牲にしてでも会社の売り上げを伸ばそうとする経営者や、相手を陥れてでも自分の利益を確保しようとする人もいます。

しかし、それで世の中が回らなくなってきているのは冒頭で述べた通りです。短期的・個別的な利益の追求が一概に悪いわけではありませんが、**長期的・全体的な利益を重視す**

ることが、ポスト資本主義的な社会といえるのではないでしょうか。

長期的・全体的な利益の重要性は、仏教の「**中観**（ちゅうがん）▽P.146」「**唯識**（ゆいしき）▽P.155」で説明することができます。

第2部で詳しくご説明しますが、中観とは「あらゆるものごとは因果関係と相対性を持つ。ゆえに万物に絶対的、独立的な実存性はない」という考え方。唯識とは「ただ認識がある」との文字通り、「あらゆるものは何かに認識されることによってのみ存在する」という考え方です。

この考えを前提にすると、「私」という概念は「他者」があってこそ成り立ちます。なぜなら、広い宇宙に自分一人しかいなければ、「私」という概念は必要ないからです。だとすれば、他者が存在することで「他者ではないものとしての私」が確定し、逆に「私」がいるからこそ他者の存在も確定するという相互関係も見えてきます。すると、**「私」は、他者と関わらずに自分だけで存在することはできない**とわかるでしょう。

たとえば製造販売の会社なら、買ってくれる顧客はもちろん、部品を提供してくれる取引先がいなければ成り立ちません。だから、自社だけ儲けようとして下請けを締めつけたりすると、必ずどこかでひずみが生じる。局所最適を目指すあまり、全体が崩壊してしまうのです。

すべてのものは周囲とのバランスで成り立っているので、自分だけ利益を得ればいいという態度は結果的に崩壊を招き、自らを苦しみに陥れることになる。反対に、他者の利益を考えることは、他者と切り離せない「私」の利益を考えることにもなります。

これが、仏教の基本的なスタンスです。

きわめてロジカルな「輪廻転生」の哲学

もう一つ、「輪廻転生」を用いて、長期的・全体的な利益の重要性を説明しましょう。

輪廻転生とはご存じの通り、死んだら魂のようなものが別の身体に生まれ変わり来世を生きる、という概念です。意外かもしれませんが、実はこれは仏教らしくない考え方だといえます。

仏教は基本的に、とても合理的で科学的な哲学です。しかしその中に「魂が生まれ変わる」という非科学的な内容が、しかも結構大きなウエイトで入り込んでいます。

釈迦牟尼はとてもロジカルで、迷信のようなものはバッサリ切り捨てる人なのに、なぜ輪廻転生を否定しなかったのか。

これを科学全盛の現代人にどう説明すべきか、私なりに考えたところ、**ゲーム理論の用語である「囚人のジレンマ」が使えるのではないか**という仮説に行きつきました。まずはこの囚人のジレンマについて、簡単に解説しましょう。

共同で犯罪をおこなった2人の容疑者が捕まりました。別々の取り調べ室に入れられ、それぞれ刑事から取引を持ちかけられます。2人とも自白すれば懲役5年。一方が自白しても一方が黙秘したら、自白したほうは即釈放、黙秘したほうが懲役10年。2人とも黙秘すれば証拠不十分で2人とも懲役2年、という内容です。2人が連絡を取れないとき、囚人はどうするでしょうか。

もしこれが1回限りの単発ゲームならば、相手を裏切ったとしても自白が有利です。自白すれば、釈放か懲役5年ですから。

けれど、これが無限に繰り返されるゲームだったらどうでしょう。相手を裏切って自分だけ自白すれば、次の回で仕返しされるかもしれません。そのため、互いに黙秘して2年に収めるのが妥当です。

これを、人の生死に当てはめて考えてみましょう。人生が1回限りの単発ゲームだとわかっているなら、周りを蹴落とし、自分の寿命が終わるときに利益を最大化できれば「勝ち」です。

でも、人生が1回限りなのか無限繰り返しゲームなのかは、わかりませんよね。そうであれば**無限に繰り返すものだと仮定して、一人勝ちではなく、かといって自己犠牲の精神でもなく、自分と他者の利益を等しく考えて協力し、妥協点を見つけたほうが、戦略としては有利**なわけです。

釈迦牟尼が輪廻転生や来世を否定しなかったのは、人生が無限繰り返しゲームであると仮定したほうが個人の人生も社会もうまくいく、という可能性に気づいていたからではないかと、私は考えています。

この輪廻転生について、私が好きなエピソードを紹介します。私が直接教えを受けた、チベットの転生活仏[02]から聞いた話です。

その僧侶は、仏教が好きだというヨーロッパの男性から「仏教はとても合理的だから好きだと思っていたのに、迷信のような輪廻転生が含まれていることが許せない」と言われたそうです。

このとき、僧侶はどう答えたか。

02 転生活仏
チベット仏教の教義上において、衆生を教え導くために、如来、菩薩、過去の偉大な仏道修行者の化身としてこの世に姿を現したとされるラマ（師僧）を指す。

「輪廻の存在を証明できないことは認めましょう。ただ、輪廻が『存在しない』ということも証明できないのではないですか？　たとえ科学の立場からでも」

「たしかに」とうなずく男性に、僧侶は続けます。

「では、輪廻が存在すると仮定して来世の報いを恐れ、『いい人』として生きることと、来世が存在しないと仮定して好き勝手に生きること、どちらが有利だと思いますか？」

男性はしばらく考え、こう言いました。

「輪廻が存在するのと存在しない確率は50：50だから、存在する前提で生きたほうがトータルで有利だし、仮に存在しなかったとしても、周りを助けて『いい人』として生きるほうが豊かな人生になるだろうな」

こうして、仏教で輪廻転生が否定されていないことを納得したといいます。

世の中には、わからないことや証明できないことがたくさんあります。**わからないけれども、どちらと仮定して生きるほうがより良い結果につながるか。**この考え方こそ、仏教を現代に実装して生きることに他なりません。

輪廻を受け入れがたい方もいるでしょうが、仮に現世だけを見ても囚人のジレンマのロジックから、一つの判断が目の前のことだけでなく先々にも影響することは間違いないようです。「良い行いは回りまわって自分に返ってくる」という言説はけっして精神論ではなく、合理的な法則であるように思われます。

仏教がいう善悪とは

ところで、仏教で善悪を分けるポイントは「苦しみが発生するかどうか」▽P.139ですから、**善悪の審判を下す人格神は想定されていません。**しかも「これが善だ」という絶対的な基準もありません。

すべてのものごとは相対性の中で存在するので、「この条件下ではこれが善と認識されるけれども、条件が変われば悪に変わり得る」と考えます。

正解があって、誰かがそれを与えてくれるわけではない。だからこそ、先ほどお話しした一人一人の真の賢さ、叡智が必要なのです。

仏教は、物質的なものごとや社会制度などよりも先に、その主体である一人一人の「心のあり方」を賢くしなさいと説きます。そして、すべてはつながり合っているという世界観に基づき、目の前のことにとらわれず、局所も全体も等しく大切にしようという考え方をするのです。

ここまでの話で、仏教がポスト資本主義社会を考える鍵になりそうなことが、なんとなくイメージしていただけたでしょうか。

現生人類である私たちホモ・サピエンスは、原始人類のネアンデルタール人よりも個体の能力は劣っていたといわれます。それでも進化の過程でホモ・サピエンスが生き残ったのは、「われわれ」の認識範囲がネアンデルタール人よりも大きく、他者と協力したからだと聞いたことがあります。

社会が少ししんどい状況にある今こそ、私たちはそれを思い出すべきなのかもしれません。

PART 3

【メタバース】

［めたばーす］

meta（超える）とuniverse（宇宙）を合わせた造語。コンピューターの中に構築された3次元の仮想空間やそのサービスのことをいう。

もともとは1992年にSF作家のニール・スティーヴンスンが小説内で描いた仮想空間サービスの名称だったが、テクノロジーの進化によって実際にさまざまなサービスが開発されるようになると、その総称として扱われるようになり、いまや一般名詞としてビジネスの世界でも注目されている。

メタバース空間では、自分の代わりに動く「アバター」を動かし、買い物をしたり他のアバターと交流したりする。アバターは性別や肌の色、障害の有無などの区別なく、自分が望む姿として作成することができるため、人々は身体性から解放される。

2023年現在、メタバース空間に入るためにはヘッドマウントディスプレイを頭に装着することが多い。機械が頭をすっぽり覆うため外の情報がさえぎられ、仮想空間への没入感が味わえる。今後、テクノロジーの進化によって装着する機械がコンパクトになることが期待される。

メタバースと仏教の相性がよい理由

「メタバース」は、実は仏教と非常に親和性のある話題です。意外に思われるかもしれませんが、私はふだん仏教について考える際、コンピューターテクノロジーの概念を参考にすることが多いんです。

どういうことか、順を追って説明していきましょう。

メタバースという言葉には「メタ」という単語が入っています。「メタ」は「超える」という意味です。最近では、ものごとを一歩引いた視点から見ること、俯瞰することを「メタ認知」と表現することが多くなりました。

そしてみなさんもご存じのように、**仏教のゴールは「さとり」の境地に達すること**です。「さとり」が何なのかはさまざまな解釈がありますが、私自身は、**完全なるメタ認知を獲得し、時間や空間の認知スケールを自由自在にコントロールできるようになることが、「さとり」ではないか**と考えています。

今は「メタ認知を獲得すること＝さとり」ということがピンとこないかもしれませんが、もう少し読み進めてください。

メタバースといえば、大きなゴーグルをかぶって仮想空間に入り、自分の分身であるアバターを操るイメージがあるでしょう。実は**仏教では、われわれが生きる現実世界を今より一段階メタな世界から見ると、この世界で物理的な身体（ボディ）を持って存在すること自体が、アバターのようなものではないか**と考えます。

そもそもアバターという単語は、仏教用語にも多く用いられる古代インドのサンスクリット語で、「化身」を意味する「アバターラ」に由来しているのです。

この世界も、仏教から見ればメタバース!?

「この世界」と「メタな世界」の関係について、もう少し考えてみましょう。

私たちは「縦・横・奥行き」のある3次元世界に生きていますから、それより低次元の1次元、2次元を認知することはできます。今お話しした、一段階メタな世界から、この世界を見下ろす感覚と同じです。

逆に、この世界よりも高次元の世界を認知することはできるでしょうか。4次元空間であれば、今いる3次元に「時間」の概念が加わるのだろうとイメージできますが、5次元以上になるとどんな要素が加わるのか、想像さえできませんよね。

以前、「小説の中の主人公は、私に読まれていることを知らない」と言った友人がいて、まさにこのことを表していると思いました。

また数学を学んだ友人が「7次元や8次元はシュワシュワッとした感じ」と言っていて、この表現も「理解しがたい」という部分では的を射ていると感じます。それだけの高次元（メタな世界）になると、たとえ数式で表すことはできても、感覚的にとらえるのは現実的ではないということです。

ここで少し難しい話になりますが、**仏教では万物の根源、ものごとの本質は「空性（くうしょう）」である**▽P.152と考えます。ひとことで言えば「実体のなさこそ本質である」という意味で、有名な『般若心経』に出てくる「色即是空、空即是色」は、これを表した言葉です。

しかし、**「空」とは「空っぽ」という意味のような「無」ではありません**。詳しくは第2部で解説しますが、あらゆるものが出現できる可能性の海、可能性がストックされている蔵のようなものだと今は想像してください。

「空」はさまざまな可能性を有しているからこそ、そのときどきの因果関係に従って、私たちが認知できる何らかの存在や現象として形而下[01]に現れます。言い換えれば、私たち人間一人一人を含むすべてのものごとは、この世界に何らかの形で現れているけれども、その実体は、可能性としての「空」なのです。

01 **形而下**
時間・空間のある世界において認識できるもの。形のあるもの。対義語は「形而上」。

ということは、あなたも私も「空」という可能性の海から、何らかの因果関係に導かれて身体を持った存在として現れ、寿命を迎えれば消えていくと考えることができます。ここで大事なのは、**たとえ死んで身体がなくなっても、存在したという空間履歴は消滅しない**ということです。

可能性として存在し、可能性の帰結として実体のある時間があり、そういう時間が「あった」という履歴を残して実体は消えていく。メタバース上でも、私たちがアバターを作成し、アバターを動かしている時間があり、ログアウトをすればアバターは履歴を残して消失します。

そう考えると**「空」の世界からすれば、私たちが身体を持って生きているこの世界こそがメタバース**ではないでしょうか。

つまり、一つ上の世界から見ると、私たちが生きるこの世界がメタバース。そして私たちにとっては、画面に映し出されたアバターの動く仮想世界がメタバース。

こんなふうに、**世界は入れ子のようになっているのかもしれない**と思うのです。

入れ子型の世界構造

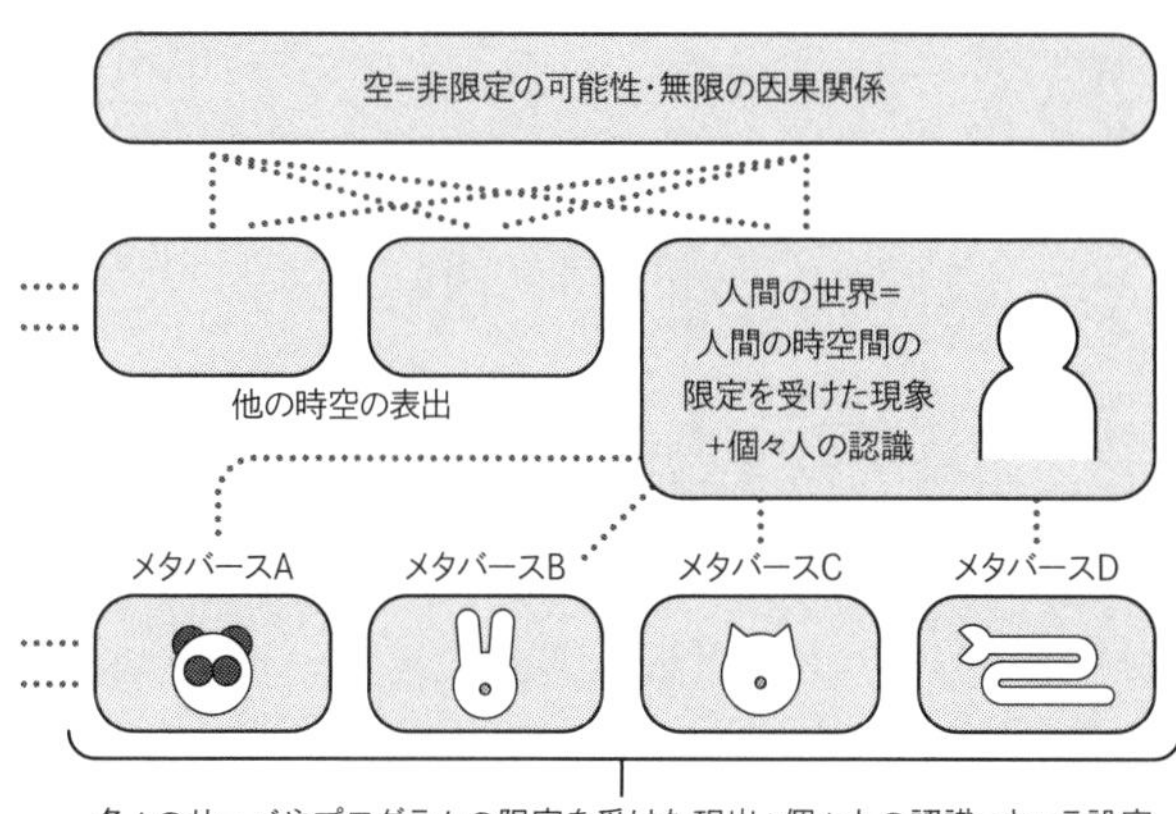

「さとる」ことで、メタ世界の片鱗を見ることができる?

ここで、先ほどの「さとり」の話を思い出してください。メタ認知を獲得し、時間と空間の認知を自由にコントロールできることがさとりではないかとお話ししました(あくまで私の解釈ですが)。

私たちが生きる現実世界から見て**一つ上の世界が「空」だとするならば、さとりを開くこととは、普通では感じるのが難しい「空」の世界を直覚できるようになること**ではないでしょうか。そうすれば、7次元や8次元がどうなっているのか、その片鱗を感じることができるかもしれません。

そのために、仏教では瞑想をはじめとした

修行があるのです。瞑想の極致で脳がある種のトランス状態になると、メタ世界の片鱗が見える可能性もじゅうぶんあり得ます。

私自身も瞑想中、瞬間的に「あっ」というものを感じた経験があります。言語化することが不可能で、これ以上の表現が見当たらないのですが、体験する前と後では、違う自分になっている感覚がありました。身体のみではなく、かといって心だけでもなく、自分の全存在を通じて「それ」を直覚するのです。

こうした感覚を「一瞥（いちべつ）」といって、「さとり」の瞬間的な体験と考えます。スポーツ選手が究極のパフォーマンスを発揮する瞬間や、宇宙飛行士が宇宙から地球を眺めて世界観が変わってしまう体験も、同じようなものだと考えられます。**この瞬間的な非言語の状態に留まることができれば、それが「完全なさとりを開いた状態」ということになるのでしょう。**

ところで、仏教には完成させるべき三つの智慧、「三慧（さんね）」があるとされます。その三つとは「聞（もん）・思（し）・修（しゅう）」で、**「聞」は知識のインプット、「思」はインプットした知識を自分なりに解釈すること、「修」はそれを自分で実践・体感すること**▽P.213です。

さとりを開くために修行があると言いましたが、三つのうち「修」だけではさとりの境地に至ることはできません。前段階の「聞」「思」でしっかり知識を吸収し、その論理を理解しなければ、せっかく修行で「一瞥」を得し、さとりの片鱗のようなものが訪れても「これだ！」と気づかずに、「何かすごかった」と見逃してしまう可能性があるからです。

今はコンピューターテクノロジーが発達し、小学生でもメタバースの感覚を理解できるようになってきています。これを三慧に当てはめると、**現代は人類全体が「聞」「思」の準備ができた状態**だといえるのではないでしょうか。

メタな視点で「死」を考えてみる

少し話は変わるのですが、メタバースがあるのですから、「メタ〝デス〟」があってもよいのではないかと私は考えています。デスはdeath、「死」のことです。

死を迎えるとき、つまり「ここが現実世界だ」と思っている位相空間から退場するとき、われわれは何を見るのでしょうか。

私たちはふだん、メタバース（仮想空間）でアバターを動かして遊び、気が済んだらログアウトして現実世界に戻ってきますよね。

私は思うのです。ひょっとしたら**「死」とはこの世からログアウトするようなもので、身体というデバイスを外すことで、一つ上の（メタな）世界が見えるのかもしれない**と。

「死」は一般的に、ネガティブなイメージを持たれがちです。けれど、もし「死」が「この世からログアウトする」感覚に近いのであれば、「なーんだ、こういう感じね」と案外、既視感があるのかもしれません。

釈迦牟尼の説法には、「目を覚ましなさい」という言葉がよく出てきます。自分を焼き尽くす煩悩の炎が目の前に迫っているのに、目を開けることなく気づかずにいる。それではいけない、早く目を開きなさい、目覚めなさい、とあらゆる経典で説いています。

また『佛説譬喩経（ぶっせつひゆきょう）』という経典には次のようなエピソードがあります。

あるとき一人の男が、狂った象に追いかけられて命からがら逃げ惑い、枯れた古井戸に伸びている木の根を伝って隠れようとしました。しかしその井戸の底には4匹の毒蛇がいて降りることができません。地上では象が猛り狂っています。そしてなんと、男がしがみついている木の根をネズミが囓りはじめました。もはや絶体絶命です。

ところが、その木にあったミツバチの巣から甘い蜂蜜が垂れてきて、男の口に入ります。絶体絶命にもかかわらず、男はもっと蜂蜜がほしくなりました。

これほど恐ろしい状況でも、人間は目先の利益に惑わされてしまうことを物語っていますね。広い視野、つまりメタな視点を持つことがいかに大切であるかを、釈迦牟尼は2500年前から、教えてくれているのです。

これをメタバースの概念に当てはめて考えると、理解しやすいのではないでしょうか。私たちはいま生きている世界を、唯一無二で絶対性のある現実だと思い、その中で快楽を得たり苦しみを得たりして右往左往している。でも実はそうではない。そこから**ログアウトする感覚でメタな視点を持てば、新しい次元が見えてもっと自由になれる**ということです。

たしかに物理的な身体を持っている時点で制約はありますが、この世界が唯一絶対だと思って生きるのと、メタ認知を持って生きるのとでは、生きやすさが全然違いますよね。釈迦牟尼が「目覚めなさい」と説くのは、そういう意味なのです。

実際に弘法大師（真言宗の祖、空海）が説いている密教の秘義を、コンピューターでいうところの「すべてのものはクラウドでつながっている」「プログラム言語で起動したり操作したりする」といった概念で考えると、非常にわかりやすくなるんです。

コンピューターやインターネットがなかった時代の人がその経典を見ても、それが何を言っているか、まったくわからなかったはずです。けれど今の私たちであれば、なんとなく理解できるような気がしますね。

これは、人類の叡智の積み上げに他なりません。まったく分野の異なる叡智が積み重なった結果、仏教が言わんとしたことを遊びながら直感的に理解できる時代が来たのです。

逆にいうと、コンピューターのなかった時代に、今でいうインターネットのような概念を言語化した弘法大師の並外れた知性には、驚くばかりです。

PART 4

【Web3・0】

【うぇぶー3・0】

インターネットの歴史における3つ目の段階を表す言葉で、「巨大IT企業（ビッグテック）の支配から個人が解放され、社会のさまざまなシステムが分散化された状態」を指す。2022年ごろからビジネス界でもよく聞かれるようになった。要素技術としてブロックチェーンを重視しており、「非・中央集権」「自律分散」が最大の特徴とされる。

Web3・0という言葉は、「Webの父」と呼ばれるティム・バーナーズ＝リーが2006年に初めて使用したことに由来する。その前段階のWeb1・0はインターネット黎明期の段階を指し、一方的な情報発信・収集が主だった。Web2・0はSNSなどで双方向コミュニケーションが可能になった段階。世界中のユーザーと気軽にやりとりできるようになった反面、大手プラットフォーマーがユーザーデータを独占したため、Web3・0の概念が脚光を浴び始めた。

ブロックチェーンを活用したビジネスとして、暗号資産（仮想通貨）取引はすでに確立されており、NFT（Non-Fungible Token：代替不可能なトークン）による取引や、DAO（Decentralized Autonomous Organization：分散型自律組織）も関心を集めている。

密教とWeb3・0の相似する構造

Web3・0の最大の特徴が「中央集権から非・中央集権へ」と知ったとき、即座に思い浮かんだのが密教の曼荼羅(まんだら)でした。

密教とは「秘密仏教」を略したもので、大乗仏教の中でも最後に生まれた、仏教の最新バージョンといえるものです。

なぜ**Web3・0と聞いて密教が浮かぶかというと、密教の概念が自律分散的だから**です。密教が生まれるまでの仏教は、ある意味で中央集権的でした。釈迦牟尼や阿弥陀如来など、導き手である仏陀[01]の教えに従い修行をし、さとりを目指すので、その仏陀を頂点とするピラミッド構造が形成されています。

ところが、密教はそうではありません。密教が目指すさとりの形態は「即身成仏」です。「身に即して仏に成る」との文字通り、一人一人が自分のあり方に即してさとりを開き、仏陀になるという考え方が、他の宗派とは異なる密教の最大の特徴です。

教えを説いてくれる釈迦牟尼や阿弥陀如来などはありがたい存在だけれども、自分自身がその構造体のパーツになる必要はないと考えます。つまり、自分自身が中心である構造を作るのです。

01 仏陀
サンスクリット語で「さとった人、目覚めた人」の意。上座部仏教では仏陀はゴータマ・シッダールダただ一人と考え、大乗仏教では他者をさとりに導くことのできた人を言う。

その、密教の世界観を図式化したものが「曼荼羅」です。曼荼羅が理解できると密教がわかり、密教が理解できるとさとりが開けるというくらい、密教においては重要なものです。では、その曼荼羅とはどんなものでしょうか。これも解釈はさまざまなので、あくまで私の考えを述べます。

修行を重ねてさとりの境地に達すると「一切の空」という、形而上の真理が体感されます▽P.208。そこから形而下の世界に帰ってくるわけですが、「空」から自分が立ち現れたその一点が中心となり、そこから「関係性」という世界が展開していくのです。その展開する世界を表現するのが曼荼羅なのです。

曼荼羅にはいくつかの種類があります。たとえば金剛界（こんごうかい）曼荼羅[02]だと、中心点（中央の大日如来）から前後左右の四方向に関係性が開いていきます。その開いた先から、さらに前後左右に関係性が開いていき……と、関係性のネットワークが果てまで続いていく。

曼荼羅とは、このように自分を中心に無限のネットワークが広がっている様子、それが「私」の世界だという表現なのです。

「自分が中心」と言いましたが、**曼荼羅構造体を全体で見ると、中心がありません。**たし

02 金剛界曼荼羅
日本密教が根本原理とする思想を表現するもので、金剛界曼荼羅は「智」の側面を、対となる胎蔵曼荼羅は「理」の側面を表すとされる。

Web 3.0 と曼荼羅は似ている！

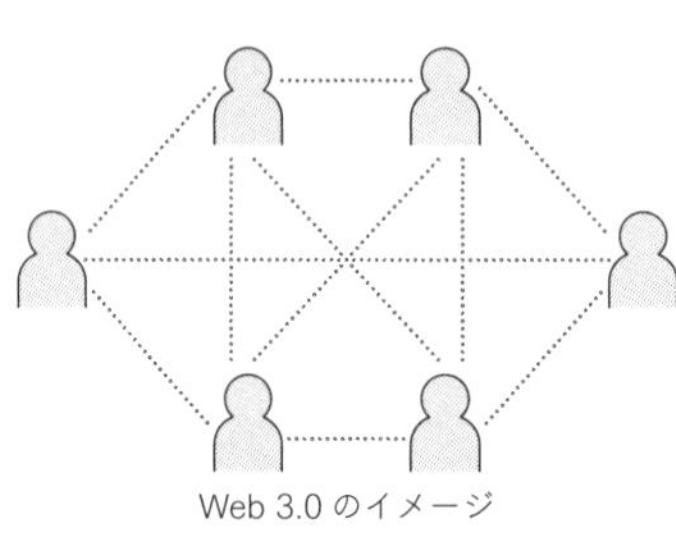
Web 3.0 のイメージ

金剛界曼荼羅

かに自分自身にとっては自分が立つポイントが中心ですが、右側にいる人にはその人を中心にした曼荼羅構造体があり、その人を基準に見ると、私は「左側の人」になります。

曼荼羅絵図は平面なので2次元ですが、この関係性が3Dに無限に広がっていることをイメージしてください。すべてのものが関係性でつながり、互いに影響を与え合っている。その結節点の一つ一つは、そこに存在するそれぞれの人にとっての中心であり、構造体全体の絶対的な中心があるわけではないのです。

ですから、**曼荼羅では大日如来が中心に描かれますが、それは唯一絶対のピラミッド構造であることを「意味しない」**わけです。

曼荼羅構造体が形成されると、すべてのも

のがネットワークでつながるので、自分を中心にした構造体一つ一つが互いに影響しながら変化を続けていく。また大日如来や阿弥陀如来という「頂点」を経由しなくても、自分が見たさとりの世界を直接伝達することもできる。

これって、Web3・0そのものではありませんか？

ただ、これはさとりを開いた人の話です。**さとりを開いて自分自身が曼荼羅構造体だと認知する前段階の人は、自分のことを、他者が形成した**(=他律的な)**構造体のパーツの一つだと思い込んで**しまっています。

自分が中心でないために、世界を絶対性のある構造体だと認識して、その中の1プレーヤーである自分を「私はこういう人間なんだ」「こういうポジションなのだ」と規定してしまうのです。これは、真実ではない世界にこだわっていると言っても過言ではありません。

ところがさとりを開いた瞬間に、中心が自分である世界へと変化します。しかも、**自分にとっての中心ではあるけれども、絶対的な中心ではないことも理解している。**こうした世界は、これまでよりもずっと自由に感じられるでしょう。

「中央集権から非・中央集権へ」というWeb2・0からWeb3・0への変化は、さとりを開くことによく似ていると、私は思うのです。

ティール組織や『攻殻機動隊』にみる密教的要素

初めは何ごとも、ピラミッド的で大きな構造体に頼ったほうが、楽だし効率的です。しかしビジネスでもインターネットの世界でも、大きな構造体では対応できなくなるときが必ず訪れます。

すると反動的に「個人でやっていこう」となりますが、それで解決できないときに大切なのは、個人がそれぞれの最適解だけを見るのではなく全体や未来のことも見据え、ネットワークを作りながら社会活動を営むことです。現代は、そうした重要性が大きくなってきた時代ではないでしょうか。

数年前に話題になった「ティール組織」も、まさにこれです。初めは上意下達のピラミッド型組織が生まれ、徐々に構成員のモチベーションを大切にするようになり、最後には上下関係もなく、構成員がそれぞれの役割を果たすことで組織が成り立つ、という組織論ですね。

また、アニメ『攻殻機動隊 STAND ALONE COMPLEX（スタンド・アローン・コンプレックス）』をご存じでしょうか。スタンド・アローンは「個別の」、コンプレックスは「複合体」という意味ですから、今でいう自律分散がコンセプトになっており、私は密教の説明をするときによく例に出します。

ピラミッド型の大きな構造体は、どこか一つにほころびが生じた場合、全体が崩壊してしまう可能性があります。

反対に、**一つ一つが自立しつつも一匹狼ではなく、相互補完的なネットワークを作っている状態であれば、どこか一つがだめになっても他のネットワークに頼ることができるので、全体崩壊を防げます。**大きな構造体は一見すると強固なようですが、小さな構造体がネットワーク的につながり合うほうが、実は効率的で強いのです。

Web2・0からWeb3・0への流れもこれを表したものだと思いますし、密教の曼荼羅は、こうした概念をビジュアル化したものです。

仏教もインターネットのように進化してきた

Web3・0の盛り上がりは、Web2・0の中央集権的なあり方の問題点を乗り越えようというムーブメントだと見ることができます。実は密教もこれと同じで、仏教の中央集権的なあり方からの脱却として生まれたものです。

ご存じのように、仏教はインドで興りました。人々は釈迦牟尼の教えに従ってより良い人生を追求していたのですが、仏教がヒマラヤや中国、中央アジアなど広範囲に伝わっていくにつれて、気候風土や風習などの理由から、釈迦牟尼の教えをそのまま実践するのは難しくなってきます ▽P.177。

たとえば「衣三枚で過ごしなさい」という教えがあるのですが、ヒマラヤでそんなことを守ったら死んでしまいますよね。

そこで「釈迦牟尼のオリジナルな教えでなくても、その土地や文化に即した方法でさとりを開くことができるのではないか」という考えのもとに生まれたのが、「大乗仏教」▽P.172 です。

ところで、日本で**「仏陀」といえば、仏教を興した釈迦牟尼その人を指す場合が多いですが、本来はサンスクリット語で「さとった人、目覚めた人」**という意味です。

そして先述したように、密教では自らが仏陀になる「即身成仏」を目指して修行します。しかし私は修行時代、自分が目指すべき仏陀の定義をよく理解していないことに気づいたのです。たとえば仮面ライダーをよく知らないのに、仮面ライダーごっこはできませんよね。それと同じで、仏陀をきちんと理解しなければ即身成仏はできないと考えました。

自分なりに本を読んだり、いろんな先輩方に話を聞いたりしたのですが、納得のいく答えは得られませんでした。日本に残っている伝承ではどうしても、失伝した部分やうまく伝わっていない部分があるからです。

そこで私はミャンマーに渡りました。偉大な僧侶にのみ与えられる「三蔵」[03]の称号を持つ、当時わずか13人のうちの1人、スンルン大僧正にお目にかかってお話を聞くと、明確な答えが得られたのです。

> 「仏陀」とは他者の苦しみを滅することができる人のことで、仏陀の教えに従って自分の苦しみを滅することができた人が「阿羅漢」である。上座部仏教では、仏陀といえばゴータマ・シッダールタただ一人だと考える。だから現代を生きるわれわれは、その教えに従って、阿羅漢を目指して修行をしているのだ。

この答えを聞いて、私は「わかった！」と思いました。**「仏陀はゴータマ・シッダールタただ一人である」という縛りから脱却したのが、大乗仏教**だったわけです。釈迦牟尼が説いた以外の方法でも、苦しみを滅することは可能なはずだと。他者をさとらせることが

03 三蔵
仏教経典の大きな三分類「経蔵・律蔵・論蔵」をすべて理解し、記憶している人を表す尊称。現代ミャンマーでは国家による認定試験がある。

できる人が仏陀なのであれば、釈迦牟尼の方法にこだわらなくてもよいのではないか。

そうした大乗仏教の中で、最新バージョンとして生まれたのが、先に述べた密教です。真理を得られるのであれば釈迦牟尼の方法にとらわれなくてもよいと考えたのが大乗仏教ならば、同じく阿弥陀如来などの仏陀に頼らなくても、自分自身の修行や経験、その時代の状況や文化に即してさとればよいのではないか。

「私」が「私」の方法で、他者の苦しみを滅してさとりに導くことができるのであれば、その「私」は仏陀であるのではないか。これが即身成仏、「身に即して仏と成る」の真意だと思うのです。

つまり密教の価値観では、無限の仏陀が生まれ得ます。大きな構造体に属さなくても、一人一人の「あり方」としてのさとりの表現、教えの説き方、人々の救い方、世界の作り方があると考える。

これが仏教の初期から現在に至るまでの大きな流れですが、中央集権から個々のプレーヤーがそれぞれに自立して世界を作っていくという考えは、Ｗｅｂ３・０と高い親和性があります。段々と分権化していくのは、どの分野でも必然的な話なのかもしれませんね。

分散的な世界で求められる、一人一人の叡智

ただ、そうした自律分散的な世界では、大きな構造体に頼ることがないので、一人一人のプレーヤーが賢くなくてはいけません。

原始経典の中で釈迦牟尼は、「サイの角のようにひとりで行け」という言葉を残しています。群れずに気高くひとりで生きなさいと。けれどそれは、一匹狼になれという意味ではありません。「自分と同じかそれ以上の道連れを見つけたならば、その人とともに行きなさい」とも言っています。

自分の心を、自分以外の構造体や他者の集合にゆだねるのではなく、かといってつながりを無視して自意識を内にとどめるのでもなく、バランスを取って全体の最適解を見つけられるよう、すべてのプレーヤーが自分自身で決断して動きなさいという教えだと思うのです。

ここで重要になるのが、PART2でもふれた「私」の認識です。**「私」は他者が存在しないと成り立たないのですから、自分の利益のためには、自分以外のことも考えなければいけない。**これをビジュアル的に直感できるように表した曼荼羅は、仏教の中でも画期的な発明なのです。

PART 5

【多拠点生活（マルチハビテーション）】

［たーきょーてんーせいかつ（まるちーはびてーしょん）］

マルチハビテーション（multi-habitation）とは、複数（multi）の住居（habitation）を持つライフスタイルのことであり、多拠点居住・複数拠点などともいわれる。インターネットの普及により、2010年代から、職場（会社）に出勤せずに自宅や他の場所で働くリモートワーク、テレワークをする人が現れ始め、そうした人の作業場所としてコワーキングスペース、シェアオフィスが整備された。リモートワークが可能になると、仕事をしながら旅をするノマドワーカー（ノマドは遊牧民の意）や、都会に本拠地を置きつつ、自然の豊かな地域にも拠点を持って行き来する多拠点生活をする人が、少しずつではあるが増えてきた。

多拠点生活には、ふだんと違う場所に行くことで気分転換ができ、発想が豊かになり良いパフォーマンスができる、QOL（Quality of Life ＝生活の質）が向上するといった効果がある。

2020年、新型コロナウイルス感染症が流行すると、多くの職種でリモートワークが半ば強制される形となった。日経クロストレンドが発表した2021年上半期の「トレンドマップ」では、消費分野において将来性スコアが伸びたキーワードとして「マルチハビテーション」が紹介された。こうした社会の変化が、多拠点生活の広がりを後押ししている。

「家」を持たない女子大学生は、何を考えているか

パソコン1台あれば仕事ができるから、旅をしながら働く。あるいは、自然が豊かな場所に拠点をもう一つ設けてしばらく滞在し、滞在中はそこで仕事をする。

こうした「マルチハビテーション」と呼ばれる働き方が近年少しずつ増えてきましたが、それでも2010年代までは、それができるのはフリーランスやベンチャー企業の社員など、一部の人に限られていたと思います。

しかし新型コロナウイルス感染症の流行で、社会の認識が劇的に変わりました。たとえば、首都圏から地方都市に移住し、月の大半はリモートワークの生活をする。月に数回、商談や大事な会議のあるときだけ本社のある東京へ赴く。

歴史ある大企業など、会社に出勤するという〝当たり前〟を疑わなかった人たちの間にも、こうした働き方がじわじわと広がってきています。これは人類にとって、大きな転換点です。

寳憧寺に遊びに来てくれる大学生の中に、こうした時代の流れを象徴するような、とてもおもしろい取り組みをしている女性がいます。彼女は「家」を持たないのです。

大学生といえば一般的に、実家から通うか、大学の近くに下宿するなどしますよね。最

近ではシェアハウスに住む人もいるでしょう。いずれにせよ「ここは私の家です」という場所があって、そこから大学に通ったり遊びに行ったりします。

けれど彼女は仲間とグループを作り、グループでシェアハウスごと移動するのです。荷物は一人につきスーツケース二つほど。Airbnb[01]などのサービスを使って当座の居場所を確保し、しばらくそこで生活して飽きてくると、グループで相談して「次、行こっか」と新しい拠点に移る。

途中で「ちょっと疲れたから、しばらく実家に帰るわ」というメンバーもいますし、また少し経つと戻ってくる人もいる。戻ったときには、別の拠点に移動していることも多いんだそうです。

とてもおもしろいですよね。彼女の「家に縛りつけられるのは不合理だと思うんです」という言葉にハッとさせられました。たしかに「家」を決めてしまうと、何か移動したいと思う出来事が起きても「敷金を払っているし」「ローンを組んでしまったし」と動きが制約されがちです。

固定した「家」を持たないことで、いろんな可能性が広がっていくのです。私たちは無意識のうちに、自分の居場所を決めなければいけないと思い込んでいることに気づかされます。

01 Airbnb
世界各国の現地の人たちが、自宅などを宿泊施設として提供するインターネット上のサービス、及びサービスを提供する会社の名称。２００８年８月に米サンフランシスコで創業した。

もちろん彼女も「素敵な家具を見つけたら、固定した部屋が欲しいなと思うこともあるんですけど」ということが時にはあるようですが、その取り組みから「ああ、お釈迦様はこういうことをおっしゃっていたのだ」と考えさせられました。

どうして彼女の言葉が、釈迦牟尼の思想につながるのか？　それを考えるにはまず、仏教が始まった約2500年前のスタイルをお伝えする必要があります。

仏教は多拠点生活をスタンダードとして始まった

仏教が始まった**古代インドでは、仏教者に限らず思想家や修行者の多くは定住しないスタイルで生きていました。**

釈迦牟尼は執着が苦しみを生むと考えていた人ですから、自分の拠点や持ち物を持たないことをポリシーにしていました。一方でインド各地の人々は、釈迦牟尼から直接話を聞けるとありがたいですよね。そこで、その土地の貴族や商人などが協力して、「ここにお泊まりください」と釈迦牟尼が滞在するための場所を作っていました。

その場所に逗留して、ひとしきり説法をしたり相談に乗ったりする。区切りがつくと次の国や町へ赴く。移動した先にも土地の人々が作った同じような滞在施設があり、そこで説法や問題解決をしていく……という生活を送っていたのです。

このスタイルは、まさに多拠点生活です。これら滞在施設の一つ一つが、現在の寺院の原型となっていいます。必要があれば出現するし、必要がなくなれば消滅していくのです。

現代の日本の仏教では寺というと、何百年も前からずっとそこにあって、「住職」という守り人のような人がおり、その住職が維持しなければならない、まさに「家」のようなものという印象がありますが、元来はそうではなかったのです。

こうした多拠点生活を「遊行（ゆぎょう）」といいますが、遊行をしていたのは釈迦牟尼だけではありません。彼の弟子たちもそうですし、仏教に限らずバラモン教など他の宗教や哲学者なども、多くがそのようなスタイルを取っていました。

古い伝承には、修行者を数千人も抱える大僧院で、僧院長がチベットに招かれて何年も滞在したという記録が残っています。私たちの感覚では、それだけ偉大な僧院長であれば、みんなが会いに来るのが普通だと思うでしょう。けれど、僧院長が自ら行くんですね。彼の中にも「ここがわしの寺じゃ」という発想はなかったのでしょう。

現代でもミャンマーや東南アジアでは、拠点を一か所に限定せず定期的に動くスタイルで生活している僧侶が、一定の割合で存在します。

このように、**「どこにでも行く」というのが元来の仏教の思想**です。そもそも**僧侶はあ**

らゆる執着を離れて心が自由になった人という前提なので、自分の身体を縛る「家」は、最も持つべきものではないと考えられます。

僧侶になることを「出家（＝家を出る）」と書くのは、そういうことなのです。

ここでの「家」には二つの意味があります。一つは家庭で、家族を養わなければいけない、血縁の義理を果たさなければいけないという意味での「家」です。もう一つは、住居や本拠地を表す物理的な意味での「家」。この二つを離れ、どこにでも行くことができて自分の心に向き合い続けるのが、出家者の本来の姿です。

寺を成立させる「布施」の概念

ところで、修行者たちが渡り歩く拠点――寺や僧院に、今でいう「住職」の発想が薄いのであれば、それらはどのように運営されていたのでしょうか。

そのときにキーワードとなるのが、「布施」の概念です。もちろん大規模な寺であれば、管理運営のためにそこに定住する出家者も一定数はいたはずです。しかし基本的には財政面でも運営面でも、**見返りを期待せず、無理なく余剰を出し合う「布施」で成り立っ**ているのが本来の寺院です。

では、誰が布施をするのか。それは、その地域の在家（出家していない信仰者）の人たちです。仏教には「豊かさとは余剰であり、余剰とは他者に与えることができるものだ」という考えが基本にあります。ですから、余剰の食べ物や金銭、労働力をみんなが出し合うのです。

ただその布施は、仰々しく「ご奉仕をするぞ」「持って行かなくちゃ」というものではありません。実際にミャンマーなどでは、「ちょっとコンビニに行ってくるわ」くらいの軽いノリで、寺に奉仕をしに行くのです。

そうした地域の寺には、何百人もの修行者に食事を提供するための巨大なキッチンがあることが多く、近所に住む人が「ちょっと玉ねぎの皮を剥いてくるわ」と寺に集まります。そこはまるで井戸端会議で、みなさんすごく楽しそうです。「用事があるから帰るわ」と適当なタイミングで抜けていいし、来ないからといって非難されたりもしない。

また**その行為は、自分と社会を豊かさから遠ざける利己心、他者とのバランスを考えずに一人勝ちを狙う心と向き合っていくという、在家者がなすべき修行**でもあります。

このようにして当たり前に何かを提供する、人に与えていくという世界観が育まれているため、寺がとても自然に運営されており、地域のコミュニティ形成にもつながっているのです。

これが日本でも実現したらなあ……とうらやましく思います。

「奉仕したから○○してもらえるだろう」「～だからやらなきゃ」などと**見返りを求めることを、釈迦牟尼は強く否定しています。**

見返りとはトレード、つまり「取引」が背景にある考えです。「損得」「ギブアンドテイク」という言葉があるように、現代に生きるわれわれの思考は、トレードに基づいたものになりがちです。トレードが悪いわけではありませんが、世の中にはそれとは別の、与える喜びや関わる喜び、そしてそこに自分が存在できている喜びもあるということを、忘れないようにしたいものです。

とはいえPART2でもお話ししたように、最近ではカーシェアやシェアハウスなど、これまで個人が所有していたものをみんなで共有しようとする動きが出てきました。ここに来て仏教の思想に近い価値観が見直されてきたことに、示唆的なものを感じます。

仏教的な価値観が現代人にフィットする理由

「家を捨ててしまいなさい」という原始仏教の教えをそのまま持ち込むわけにはいきませんが、選択肢を広く取るという意味で、古代インドの多拠点生活には参考にできる点が大いにあると考えます。

古代インドには仏教以外にも、バラモン教やジャイナ教などいろんな思想哲学や教えがありました。それぞれの哲学や教えにそれぞれのフォロワー（支持者層）がいたわけですが、興味深いのは、**仏教を支持したのはおもに商人たちだった**▽P.263ということです。この事実は、いくつもの研究で明らかにされています。

当時の商人といえば、ロバやラクダとともに、あるいは船に乗って国境を越え、異民族とも出会いながら商売をしていました。そのように**移動する人たちだからこそ、ホームを持たない思想の仏教が刺さった**のではないでしょうか。

国境を越えて往来する生活だと、生まれ故郷の神様に心を寄せるというよりも、場所や状況に左右されない、大きく普遍的な真理が求められたのは必然ではないかと感じます。

テクノロジーが進歩し、人の流動性が活発になった時代に生きるわれわれは、さまざまな価値観やバックグラウンドを持つ人たちと関わっていかなければいけません。古代インドの貴族、商人、農民のどれに私たちが近いかといえば、商人だと思うんです。

このことは、私たちが生き方を考える〝よすが〟になるのではないでしょうか。現代は、釈迦牟尼が説いた教えがフィットする土壌になりつつあると、私は感じています。

PART 6

【消費社会とマーケティング】

［しょうひ－しゃかい－と－マーケティング］

顧客に対して商品やサービスが売れる仕組みを作ることを「マーケティング」という。マーケティングは、1920年代に資本主義が発達し、多くの人々が企業から安定的に給与を受けるシステムができてから生まれ、磨かれてきた。

その定義や解釈はさまざまであるが、競合他社や市場規模などのリサーチ、商品の提供方法を戦略的に練ること、広告宣伝、一連の活動の効果を検証することなどがマーケティングとして挙げられる。

現在では、より良いマーケティングのためにリサーチ段階や戦略設計の押さえるべきポイントが体系化されている。昨今は、営業支援システムやSNSの普及に伴い、リサーチや広告宣伝の手法も多様化しており、販売後の顧客フォローアップも重要視される。

このように発達した巧みなマーケティングにより、消費者は生活しているだけで日々「欲しい」「体験したい」という気持ちが掻き立てられる。

反対に消費者目線になると「本当は必要のないものまで買わされているのでは」と感じるケースも少なくなく、経済を回すことと支出を抑える（環境負荷を減らす）こととのジレンマが発生する。

欲望は、仏教哲学においても巨大なテーマ

PART6は、人間の本質をえぐるような難しいテーマです。欲望とどう向き合うか、これは仏教でも巨大な命題です。実は、**欲望との向き合い方の変化によって、仏教そのものが少しずつ形を変えてきた歴史的事実**があります。

冒頭にもあるように、マーケティングで人の欲望を喚起するのは、悪いことではありません。商売が需要を作り、経済活動があってこそ社会は回り、新しいものが生まれてくるからです。

でも一方で、消費者としては「いらないものまで買わされてしまう」と思うことがありますよね。最近では心理学の研究が進み、半ば強制的に欲しい気持ちにさせることもできるようで、何とも恐ろしい時代です。

私たちの意識は、潜在意識と顕在意識の二層から成り立っています。前者は無意識、後者は「これは私の意識だ」と認識できる意識領域のことです。

そして**人間の欲望は、潜在意識から発生すると考えられています**。なぜなら、もし欲望が顕在意識領域のものであれば、「買っても使い道がないよね」「似たようなものを持っているよね」と認識できた時点で、欲望が収まるはずだからです。でも実際には、「それで

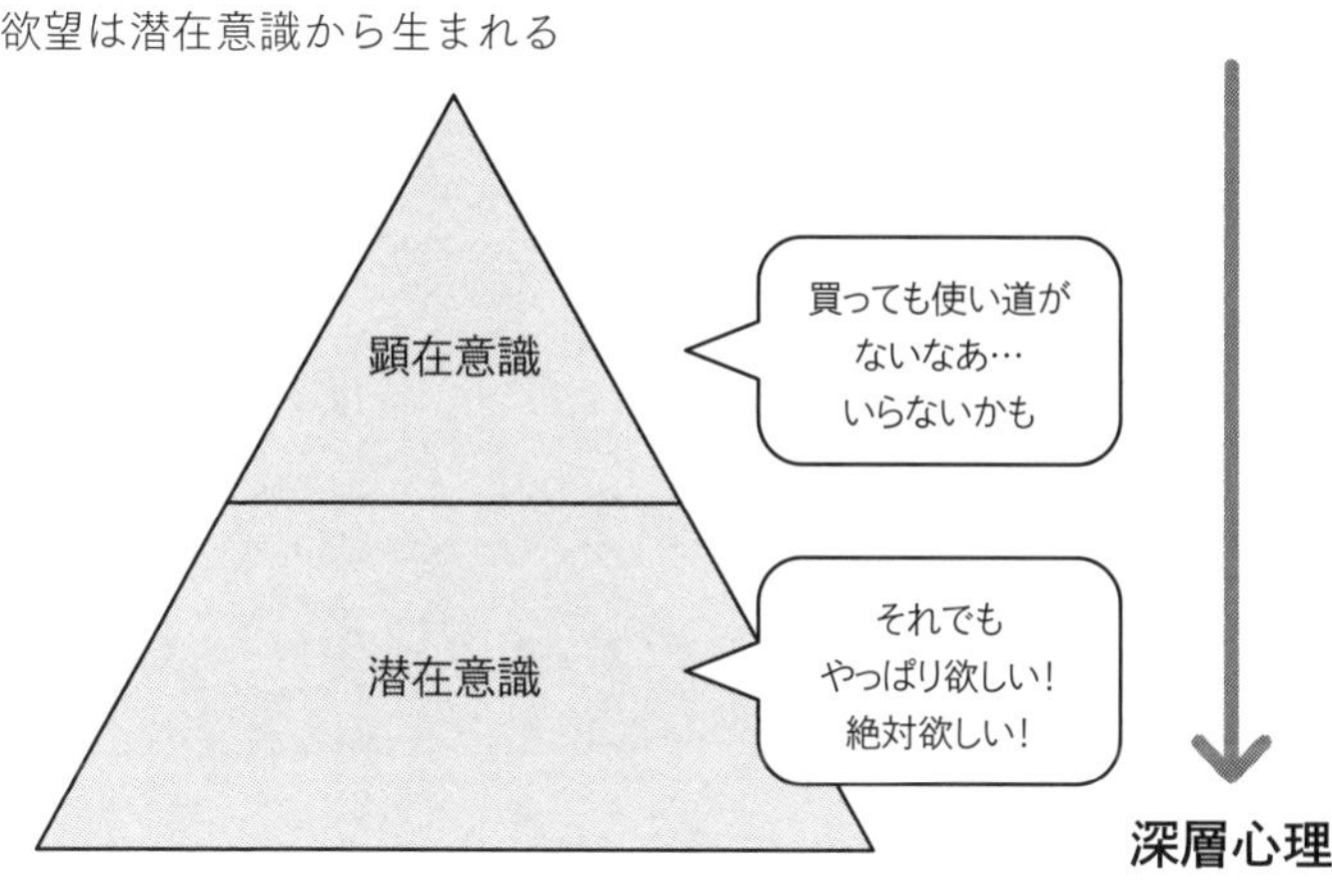

も欲しい！」という気持ちが湧き上がってくる」これは、潜在意識の領域が反応しているからに他なりません。

真に心穏やかな日々を送るには、欲望をコントロールする必要がある。けれど欲望は潜在意識から湧き上がってくるものだから、コントロールはとても難しい。ここにどう向き合りかには、「唯識論」▽P.155が大きなヒントになりそうです。

苦しみや喜びは、ただ自分の中にしか存在しない

仏教では、「これが欲しい」と**潜在意識から欲望が湧き上がってきたとき、それを入手したことで得られる満足は、その「モノ」自体には存在しない**と考えます。

たとえば、最新型のスマートフォンが欲しいと思ったとしましょう。もしそのスマホを手に入れたとしても、その喜びは自分の心が作り出したもので、スマホそのものに付随しているわけではありません。別の言い方をすると、「欲しい」という気持ちがなければ、そこにスマホという物体だけがあってもうれしくないでしょう？　**つまり自分の認識の中にしか、喜びや悲しみは存在しない**のです。

この考え方を、唯心論といいます。文字通り「ただ心のみが存在する」、すべてのものは自分の心の中にしかないという意味です。たしかにスマホが新しくなったことは事実ですが、その**事実に何らかの意味づけをし、それを享受するのは自分の心でしかない。**これは、仏教が見いだした真理です。

ですから大乗仏教では、「なぜそれが欲しいのか、それを得たらどうなるのか、得られないとどうなるのか」をよく考えて行動し、**苦しみを回避できるのであれば求めても構わない**としています。

新しいスマホを入手したことで動作が軽くなったとか、きれいな画像で動画が見られるようになったなど喜びがもたらされるのであれば、その欲望を否定しなくてもいい。しかし得られると思って得られなかったとき、それが苦しみに結実してしまうのなら、求めるのは愚かだと考えるのです。

つまり、**喜びが得られればプラスですが、得られなくてもゼロであればいい。マイナスにさえならないようにコントロールすれば、喜びが積み上がるのみの世界に生きることができる**ということです。

マーケティング手法が磨き抜かれた現代の資本主義社会では、売る側はあの手この手で消費者の欲望を喚起してきます。でも今お話ししたことを念頭に置けば、相手に心の主導権を取られてしまい、必要のないものまで買ってしまうことは避けられるのではないでしょうか。

マイナスな出来事をプラスに変えるには

欲しいものが得られなくてもゼロにとどめてマイナスにならないように、と言いましたが、心の持ちようによっては、**得られないこともまた「何かを得ている」と考えることができます。**

引き続きスマホの例となりますが、私が使っているスマートフォンは「iPhone6」。2014年にリリースされた機種を2023年でも使っている人は、かなり稀ではないかと思います。

バッテリーはすごい勢いで消耗しますし、アプリの立ち上げにも時間がかかる。少し続けて使うと、すぐ熱くなってくる。買い替えたほうがいいのかなと思いつつ、お布施のみで生きている身ですので、まだ使えるものを手放す気にはなれないのです。

こんな古いスマホを使っている私は、客観的には不便を強いられて苦しみを味わっているようにとることもできます。でも「まだiPhone6を使っているんだ！」という話は格好のネタになり、この話をすると笑いが取れて場の空気が和やかになる。私にとってはじゅうぶんに「何かを得ている」と言うことができます。

「そんなの、負け犬の遠吠えじゃないか」と思う人もいるでしょう。でも結局のところ、**すべては私自身がそれをどう認識するかで決まる。**まさに唯心論です。

一般的にマイナスに見えることでもプラスに変えることは可能ですし、それができるのが、人間の心の強さ、豊かさなのだと思います。

人間の欲望に合わせて仏教そのものが変化した

ところで、先ほどもお話しした通り、仏教は長い間、割り切れない人間の欲望に向き合ってきました。どういった議論が生まれ、どのように考えてきたのか、順を追ってお話しします。

第一段階として釈迦牟尼が生きていたとき、現代の仏教から見て「原始仏教」と呼ばれる時代の考え方があります。このころの仏教の教えの対象者は、出家者でした。そこから派生して在家（出家していない俗人）である王族や商人がいたのです。

基本的には出家者向けですから、**その教えは「すべてを捨てなさい」という厳しいものです。**得るべきは心の平安のみで、俗世的なものに対する欲望はあなたを苦しめるから、家族や住居さえも持たないようにせよということですね。

しかし時代が下り、仏教が在家者にも広く受け入れられるようになると、出家者にしか適用できない教えが合わなくなってきます。たとえば、パン屋さんがパン屋をしながら心の平安を求めるにはどうすればいいか。店や家族を捨てるわけにはいきません。

そこで、「欲望を否定する」の意味が少しずつ変わってきます。

釈迦牟尼は「求めるな」と言いましたが、その理由は、俗世的なものを求めれば心に苦しみが発生すると考えたからです。じゃあ苦しみが発生しないのであれば、求めてもいいのではないか？

このように教えの解釈を少し緩め、在家者が生活と両立できるようにしたのが、今しがた紹介した大乗仏教の欲望との向き合い方です。現代を生きる私たちがヒントにすべき点は、どうやらこのあたりにありそうな気がします。

釈迦牟尼のオリジナルな教えにせよ大乗仏教にせよ、一貫しているのは「何かを求めた結果、苦しみが発生するのを回避しよう」ということ。これは仏教の肝になる部分です。

「過去は変えられない」と思っていたけれど……

すべてのものごとには、二面性があります。

何か失敗をすると、そのときはつらくてたまらないかもしれません。しかし何年も経って振り返ると「あのときの失敗があったから、今の自分があるんだな」と思えることがあるでしょう。これも心の持ちようです。先ほどの唯心論で説明できますし、因果関係で考えることもできます。

これまでにも述べてきた通り、すべてのものごとに因果関係を見いだすことも、仏教の基本的な世界観の一つです。いま目の前にあるものは、原因となるものに「縁」と呼ばれるさまざまな作用が加わった結果として、現出していると考えます▽P.137。原因があり、時間が経過すると結果が出現するという、ごく当たり前の考え方ですね。

また一方で、未来から現在へ帰ってくる因果関係もあります。「何を言っているんだ？」と思ったでしょうか。

これは、結果が確定して初めて、その原因が何だったのかが決まるという考え方です。つまり、**「今」という瞬間がどうであるかによって、今につながる過去の意味が決まる。**目の前の出来事について、今この瞬間に感じるプラス／マイナスはあります。しかしそれが5年後、10年後、もしくは自分の死後にどういう意味を持つのかはわかりません。未来＝そのときの「今」が、その意味を決定づけるのです。

一般に「他人と過去は変えられない」といいますが、**今の「生き方」次第で、嫌だと思っていた過去を変えることもじゅうぶん可能**です。仏教の経典によく出てくる「今を生きよ」という教えは、このことを説いています。

最後は、マーケティングから少し話が逸れてしまいました。しかしハッピーで最高な「今」を現出させ続けるためにも、心がマイナスにならないように、いい塩梅で欲望とつき合っていきたいものです。

本書の冒頭でもお話ししましたが、現代は「心の時代」といわれます。私たちは現代人として、この「心の時代」という言葉を単に〝エモく〟とらえるのではなく、どういうことなのか、なぜ心なのかを考える責務があると思います。

PART 7

【ブルシット・ジョブ】

［ぶるしっとーじょぶ］

アメリカの人類学者デヴィット・グレーバーが、2013年に提唱した概念。著書『ブルシット・ジョブ――クソどうでもいい仕事の理論』（岩波書店、邦訳2020年）にて「被雇用者本人でさえ、その存在を正当化しがたいほど、完璧に無意味で、不必要で、有害でもある有償の雇用の形態である。とはいえ、その雇用条件の一環として、本人は、そうではないと取り繕わなければならないように感じている」と定義される。著者がイギリスとオランダでおこなった調査によると、約4割が自分の仕事をブルシットだと自覚しているという。

ブルシット・ジョブの具体例としては、誰が見ても不要な形だけの会議、上司への報告のためだけにレポートを書く作業などがある。中には商品を実際よりも良く見せるための映像加工のように、無意味なだけでなく有害な仕事もあると指摘される。

このように、実は社会で〝勝ち組〟とされるホワイトカラーの仕事にこそブルシット・ジョブが多く潜んでいる。労働者もそれを自覚しているため、肉体労働者や医療従事者など、社会に必要だけれどもきつい仕事をする人（ブルーカラー）に嫉妬心を抱くという構図もみられる。

ブルシット・ジョブを「作り出す側」と「させられる側」

ただただオフィスに籠って、ひたすらレポートを作成する。もしかしたら読者のみなさんも経験があるかもしれません。

そのような作業をする中で、自分の仕事は果たして本当に社会の役に立っているのか、そういったモヤモヤを抱える人たちが現代社会では増えているように思われます。こういった仕事は「ブルシット・ジョブ」と呼ばれ、日本語では「クソどうでもいい仕事」と、あまり美しくない言葉で訳されます。

このブルシット・ジョブを考えるには、まず**「作り出す側」と「させられる側」の二つに分ける必要があります。**

まず「作り出す側」には、ストレートに「そんなものを作ってはいけない」とお伝えします。自分が場をコントロールする立場にありながら、意味のないタスクを作って貴重なリソースを消費するのは、どう考えても愚かなことです。

とはいえ、うっかりやってしまうこと、気づかずに作り出してしまうことは誰にでもあるでしょう。そのときには素早く気づいて、「ごめんなさい」と言えることが大切です。

さらに言えばそれを避けるために、一人一人が「さとる」といっては大げさですが、賢くなるようにと努力しようというのが、仏教のスタンスです。

近年、仏教から派生した「マインドフルネス」という言葉がよく取り沙汰されていますが、マインドフルネスというのは、単に気持ちが落ち着くなどという意味ではなく、自分自身の思考や行為一つ一つに責任を持つことなのだと思います。

問題は、ブルシット・ジョブを「させられる側」です。たしかに自分の置かれた立場から見る限りは、その仕事はブルシットかもしれません。しかし自分が見えている領域が、果たしてすべてなのでしょうか。

PART3でお話ししたような一つ上の「メタ認知▽P.043」的な視点から見た場合、もしかするとその仕事が必要で、何かしらの役割を果たしているのだと思えるケースもあるかもしれません。

上から下りてきた仕事には自分の判断が及びませんから、全体として必然性があると信じてやってみるのも、一つの選択肢だと考えます。

無意味としか思えなかった修行時代の掃除

ブルシット・ジョブと聞いて私が真っ先に思い出すのは、僧侶になるための修行時代のことです。修行なので仕事ではありませんが、日上の人物から何かを強制されるという点では共通しています。

たとえば修行の一環として、寺の掃除をさせられます。もう本当に毎日毎日毎日……。修行が続く限り、決まった時間に決まった場所の雑巾がけをします。でも毎日同じ場所を拭いていますから、汚れなんてないんです。

同様に「庭掃除の時間だから庭をきれいにしろ」と言われても、抜く草もないし集める落ち葉もない。でも「やれ」と言われるので「これ、意味あるのか？」と思いながら、仕方なく地面を這いずり回って、草の芽のようなものを探すのです。

こんなふうに「意味がないじゃないか」「形だけじゃないか」と思うことが修行にはたくさん、本当にたくさんありました。形式じみたことを延々とやらされて「昨日もおととい も、1週間前も10日前もやったのに！」とイライラしていたあるとき、「俺の心、うるさいな」と思ったんです。

掃除をしろと言われているんだからすればいいのに、**勝手に意味を求めて「これは意味のないことだ」と決めつけているのは、自分の心なのだ**と思いが至った瞬間、そうした自分の心の存在を確認することこそが修行で、それは意味がないことによって意味を持つのだと思えました。

現実的には、お寺に〝監禁〟されて毎日同じことをしているため、脳がやや異常な状態になっていたのだろうと思います。けれどその瞬間を体験した前と後では、世界の見え方が変わっていたのは確かです。

私は、ブルシット・ジョブはこれと共通する点があるのではないかと考えます。**その仕事をブルシットだと認識しているのは、あなたの心なのです。**仏教は唯心論▽P.076の哲学ですから、それを意味がないと決めるのも意味があると決めるのも、自分次第です。どんな出来事でもそれを自分の成長につなげることは可能ですし、逆にそれをさせない自分もまた、心の中にいます。そうした心の存在を確認し、向き合い、制御することで、より良い「生」に向かっていけるのではないでしょうか。

その作業をブルシットでなくすために「閾値（いきち）」を超える

そうは言っても、よごれてもいないのに掃除をしなければいけない状況はしんどいですよね。それ自体をグッドと思うことは難しいですが、その経験によりメタ認知を獲得できたことを、グッドだと解釈することはできます。

そして、そこからさらに高みを目指すには、閾値を超える必要があります。

また私自身の話となりますが、閾値を超えるとはどういうことか、修行の中から得たことをお伝えします。

修行の中には、マントラというサンスクリット語の呪文のようなものを何千回も唱え続ける行があります。30度を超える暑い時期、私は風通しの悪いお堂に座っていました。当然エアコンもなく蒸し蒸ししているのですが、「蒸し」だけでなく本当に「虫」もいて、クモやゴキブリが這ってくることもある。その中で身じろぎもせずひたすらマントラを唱え続けていやになってくると、数珠を引きちぎって「うぎゃあああああ!!!」と叫びたくなる瞬間がやって来るんです。「もう無理だ」とキレる状態ですね。

でもそのような体験を積み重ねていって、ある閾値を超えると、自分のモードが一気に変わるのです。先ほどの拭き掃除でいうと、「この雑巾の一拭きで何かを得るんだ」と考え、たった1本の障子の桟(さん)を1時間以上かけて磨き続けることができるようになる。「汚れもないのにしんどいな」と思っていた自分の心をどこか違う領域に飛ばし、目の前の作業に集中することが可能になります。

「無の境地」とでもいいましょうか。このモードになってしまえば、一見ブルシットな作業も、自分の「ものにする」ことができると思うのです。

逆にいうと、**限界を超えなければその境地に達することはできないのかもしれません。**

私は「うぎゃあああああ！！！」を体験したからこそ、新しい境地を味わうことができました。

仏教の経典に「泥中の白蓮華」という話があります。さとりの象徴である蓮の花は、臭くて汚い泥の中から立ち上がってきて美しい花を咲かせます。泥のない清流に蓮の花は咲かないことから、厳しい状況を乗り越えてこそ、さとりが開けると釈迦牟尼は言っているのです。

「うぎゃあああああ！！！」という状況になるからこそ、そこから相転移してさとりの境地に達する。初めから「全然いけますよ」というようでは、さとりを開くのは難しい気がします。

そう考えると、ブルシット・ジョブも取り組み方によっては、さとりを開くためのプロセスになり得るのかもしれません。

人は直接体験しなければ納得できない生き物

とはいっても、しんどい状況で頑張り続けて〝社畜〟のようになり、搾取され心身を壊してしまっては元も子もありません。その点は冷静に「これ以上はいけない」と自分で判断する必要があります。

ただ、心身の調子を崩してその仕事を辞めようと思っても「生活が」「世間体が」などという考えが頭をよぎります。「あの企業にお勤めなんですね、すごい」と周りから言われていればなおさら、心にブレーキをかけてしまうでしょう。私のところにも、そうした方がときどき相談に来られます。

ある若い方は、すごく頑張って苦労した末に、やっと憧れていた仕事を勝ち取りました。ところが職場環境が彼に合わず、うつ病を発症してしまったのです。

休職し、知人の紹介でうちにやって来たものの、私も「今の職場環境が心を壊す構造になっているので、その原因を取り除いてもらうよう会社に交渉するか、それが不可能であれば転職するしかないのでは」と、当たり前のアドバイスをすることしかできませんでした。

しかし、やはりその方は「いや……」とおっしゃるんですね。やっと勝ち取った仕事なので、それを辞めたら周りに何を言われるかわからないと。

たしかにステータスのある会社だったので、気持ちはよくわかりますが……。そのとき私は「ゆっくり休んでくださいね」とお伝えするので精一杯でした。

理屈だけでいえば、思い込みや執着を外したうえで「自分が本当に大切にしたいものは何か」と心と向き合えば、答えはおのずと出てきます。でも現実には、その執着をなかなか外せませんよね。

人間は自分で直接体験したことでないと、腹の底から納得することはできないものです。なぜなら、執着やエゴは潜在意識領域のものだからです。

PART6で申し上げたように、顕在意識領域のものであれば、「こうしたほうがいいですよ」と言葉で言われれば納得するはずですよね。

したがって、その人が持つステータスへの意識や、「頑張って勝ち取ったんだから」という惜しみから生まれる潜在意識の中の執着は、直接的な体験によって「意味がないな」と納得しない限り、外から言語で外すことは不可能なのです。

そして、どのような直接体験が執着を外すのかも、人や状況によって千差万別です。モンゴルに行って馬で草原を駆けたときかもしれないし、いつもの道を散歩しているときかもしれません。

言語が体験を間接的に後押しする

直接体験といえば、「人生のあらゆることが修行だ」という趣旨の言葉を、みなさんも聞いたことがあると思います。私も僧侶になる前は「そうなんだろうな」と思いつつも、頭でわかった気になっていただけでした。

しかし実際に修行で、自分の限界を超えるような経験をして閾値を超えると、「人生で起こるあらゆることが修行だ」という言葉を体感的に納得できました。これも直接的な体験をしたからこそだと思います。

禅宗の開祖である達磨（だるま）大師が述べたとされるものをまとめた経典『二入四行論』（ににゅうしぎょうろん）の中に、こんな記述があります。

> さとる前はさとりを追い求めても、まったくそれを得られない。けれどもさとりの道に一度入ってしまえば、それは後からついてくる。

「禅問答」という言葉を生んだ達磨大師らしい、わかりにくい表現ですが、その通りだと思います。「すべては修行だ」と言われて修行の道に入っても、直接体験をして閾値を超えるまでは、それはまったくわからない。でも、いったん理解することができれば、すべてのことが納得されていくのです。

これは仏教の修行だけでなく、スポーツや楽器の演奏にも同じことがいえるでしょう。ある程度のレベルまでは、指導者が上達するための方法を言葉で伝えてくれますよね。ところが、さらに上を目指して壁を突き抜けるかどうかの段階になると、その方法は簡単に言語化できるものではありません。

けれど本人が直接的に体験して「あ、こうだよね」とコツのようなものを一度つかむと、「じゃあこれはこう、これはこうだ」と連鎖的に次々とわかって、どんどんレベルアップしていく。

達磨大師の言った「さとりが後からついてくる」とは、こういうことではないでしょうか。その**閾値を超える方法を言語化することはできないけれども、少しでもそれに近づくために、言語を使いながら人の心を揺り動かす**ことが大切なのです。これを認識しているのといないのとでは、課題への向き合い方が大きく違ってくると思います。

ですから、もし目の前の仕事や作業で「意味がないんじゃないか」と感じることがあっても安易にブルシットだと決めつけずに、今お伝えしたことを意識して取り組むことは、選択肢の一つにじゅうぶんなり得ます。

かといって心身の健康を無視することのないよう、ましてやブルシット・ジョブを作り出す側にならないように、一人一人がよく考えてバランスを取りながら行動する。そのような姿勢で生きていけば、人類はもっとポテンシャルを発揮できるのではないでしょうか。

PART 8

【バズと承認欲求】

［ばずーとーしょうにんーよっきゅう］

バズという言葉は、流行っている、みんなが話題にしているという意味の英語「ｂｕｚｚ」に由来する。ＳＮＳを中心としたインターネット上で、短期間で急激に注目を集めることを「バズる」という。初めはＩＴマーケティング業界で使われていた言葉だが、２０１０年代後半から一般にも広がった。「バズ」のメリットは、広告費をかけずに商品や自分の主張をＰＲできることだ。ＳＮＳで個人の口コミが拡散されるため、広告から発信された情報よりも信頼されやすい。

具体例として、廃業間近だった飲食店が、特徴的なメニューやレトロな内装の写真を掲載し、バズって廃業を免れるなどの好事例がある。個人レベルでは、コメントを通して見知らぬユーザーどうしに温かい交流が生まれる場合もある。

「バズ」は短期間に多くの注目を集めるため、一般の人が急に有名になる可能性を秘めている。そのため、注目されたいという気持ちのあまり言動がエスカレートして、モラルを逸脱した投稿が後を絶たない。そうした投稿に批判のコメントが集中し、拡散され騒動になることをネット用語で「炎上」という。炎上とまでいかずとも、自分の投稿への反応が気になってＳＮＳ依存になるなど、承認欲求がもたらす負の側面が社会問題の一つになっている。

注目されたいと思うのは、ごく自然なこと

注目されたいという承認欲求は、非常に手ごわく厄介なものです。もともと人間が持つ欲求の一つではありますが、ＳＮＳの普及で「バズる」という現象が起こるようになってから、それまで以上に、私たちの生活のウエイトを大きく占めるようになりました。

ＰＡＲＴ６、ＰＡＲＴ７で潜在意識の話をしましたが、承認欲求もまた、潜在意識領域のものです。自分自身を突き動かす衝動といってもいいでしょう。

言ってみればわれわれは、潜在意識でＳＮＳを使っています。「つい」スマホを見て投稿してしまうのであって、仕事としてアカウントを運用している場合でない限り「これは確実にバズらせたい」などと意識的にＳＮＳをすることはあまりないですよね。

初めはビジネスのための利用だったとしても、自分の投稿にどんな反応があるか気になって、ネットの世界に意識が持っていかれることも少なくないでしょう。中には、目立ちたい思いがエスカレートしてとんでもないことを言って「炎上」してしまったり、下手をすれば刑事事件に発展したりするケースも、残念ながら見受けられます。

これは**潜在意識から湧き出てくる承認欲求に、理性が完全に敗北した状態**です。

ではこの承認欲求を、仏教ではどのように解釈できるでしょうか。まず「(他者に) 承認

一滴の水も、川に流れてしまうと「川」そのものになる

雨が降っているときは
一滴の水だが

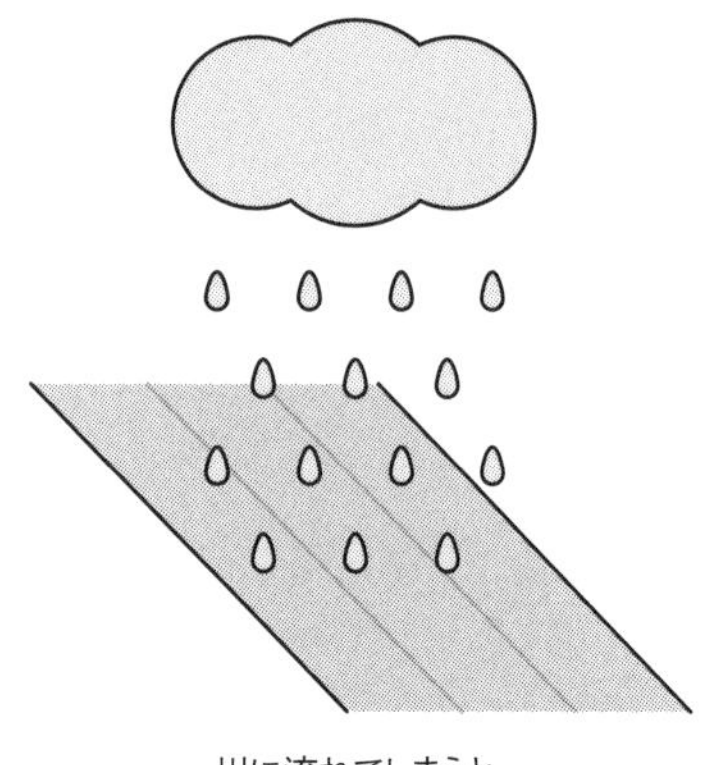

川に流れてしまうと
その一滴は判別できず「川」となる

させたい私」について考えてみます。

他者に承認させたいという欲求はなぜ湧き上がってくるのか。それは、**洋の東西や時代を問わず、人間に備わった根源的な欲求だから**です。

仏教では、「私」という存在は他者があって初めて成り立つと考えます。一滴の水をイメージしてください。空気中に存在しているときは「その一滴の水」として認識されますが、海や川に流れてしまえば、その一滴を特定することができなくなります。一滴の水が消えたわけではありませんが、周りが同じ水だと、認識されなくなってしまうのです。

これと同じで、「私」も「私ではないもの」に囲まれているがゆえに認識されます。

つまり、**自分の存在を確認するには、自分以**

外の他者に囲まれて、他者からの認知のリフレクション（反射）として確認するしかありません。つまり、他者に承認させたいという欲求は自分を確立したい欲求とほとんどイコールで、真理に則ったことなのです。

ですから、ちょっと突飛なことをして注目を集めようとするのは、不思議なことではありません。とはいえ昨今のSNSを取り巻く状況に多くの人が違和感を抱いているのは、一個人の言動が影響を及ぼす範囲が、テクノロジーによって桁違いに広く・速くなったからでしょう。

おそらく百年前も、発信力を持った人物が承認欲求からくる言動で事件を起こしたケースはあったでしょう。けれどその数は非常に少なかったはずです。人間の構造は昔から変わらないのに、今その数が圧倒的に増えているのは、これまで見えにくかったものがテクノロジーで可視化された結果といえます。

SNSでつい「盛ってしまう」のはなぜか

では次に、なぜ人間の承認欲求がここまで膨らんでしまうのか考えてみましょう。

承認欲求を満たすためには、他者から承認されたことを確認する必要があります。前述の通り、自分の存在は他者を通じてしか認知することができません。それはそうなのですが、**他者からのリフレクションとしての自分を認知したうえで、それを評価し、確立する作業をおこなうのは自分であるべき**です。

ところが現代は、一人一人のその作業が圧倒的に足りていません。言うまでもなく、その大きな理由の一つがSNSです。「いいね」が何個ついたとか、動画の再生回数が何万回を超えたとか、他者からの評価が数字で可視化される。まるでその数字が、その人の戦闘力を表しているかのようです。

自己の評価が完全に他者基準になっていて、自分で評価することを放棄している。自己の確立を他者からの承認（SNSの「いいね」など）のみに依拠しているから、自分を実態以上に「盛ってしまう」現象が頻発するのですね。これが現代の大きな問題だと思います。

これまで何度か申し上げてきたように、仏教では唯心論 ▽P.076、すべてのものごとは自分の心の中にしかないという考えが基本にあります。

「私」という存在が今ここに現出するのは、さまざまな因果関係の結果ですが、それに意味づけをするのは自分です。すなわちグッドなのかバッドなのかは、自分が決めればいいのです。

にもかかわらず、それをすることなく「SNSで『いいね』がたくさんついたからグッドだ」とか「罵詈雑言を浴びせられたからバッドだ」、行き過ぎると「私なんて生きている価値がない」と決めつけてしまうのは、自分の認識力を軽視しすぎています。

本来、他者から反射されるのは「私」という存在そのものであって、認識であってはいけないはず。認識の領域までも他者からの反射に依存してしまう態度が、現代の「バズの病」を引き起こしているのではないかと感じます。

釈迦牟尼だって文句を言われていた

ここで参考にしたいのが、原始経典に記された釈迦牟尼の言葉です。

何をしても、何かをしたといってある人は非難する。何もしなくても、何もしなかったといってある人が非難する。何かをしてもしなくても、非難する人は非難する。だから他者の声なんて気にせずに、自分の心と向き合いなさい。

同じような言葉を、みなさんも聞いたことがあるでしょう。私がこれに救われたのは、言葉の内容そのものよりも、これを言った人が釈迦牟尼であるという事実です。

あのお釈迦様でさえ、何かといっては文句を言われケチをつけられていたんだ。称賛しかされなかったのであれば、こんな言葉は出てきませんから。そう思えば、自分が文句を言われるのなんて当たり前のことだ、と思ったのです。

結局、釈迦牟尼の出した答えは「気にするな」でした。**他者からの意見や批判は真摯に受け止めるべきですが、あなたの価値を決めるのはあなた自身なので、強く生きなさい**ということです。

何かをしても、しなくても、一定の確率で誰かから文句を言われるんだ、くらいに思っていればいいのです。

ただし、そのためには賢くなくてはいけません。だから仏教哲学を学ぶのですね。「俺イケてるし」と無知蒙昧（むちもうまい）な状態でいることとは違います。

言ってみれば、称賛も非難の裏返しです。称賛されたときは素直に喜べばいいでしょう。けれどその喜びのあまり、自己認識の軸足を自分から他者に移し替えてしまうと、自分という存在が足場から崩れ落ちてしまいかねません。褒められたりけなされたりするのは、そのときどきの状況でしかないのですから。

バズの病に取りつかれそうな人は、これを意識してみてください。

SNSとうまくつき合うキーワードは「利他」

ここまでお話ししたように、「他者に承認させたい」という欲求が湧き上がってくるのは人間として自然なことです。それを踏まえたうえで、私たちはどう行動すればいいのでしょうか。

仏教的に考えると、その答えは「利他」▽P.154です。

利他とは文字通り、他者の利益のことです。抜苦与楽[01]という言葉があるように、他者の苦しみを除き、喜びを与えるように振る舞えば、それは自分の喜びにもつながります。抜苦与楽の道は、自利と利他が一致している状態です。

なぜ、他者の喜びが自分の喜びになるのか。これまでお話ししてきたように、**自分は他者の存在があってこそ成り立ちますから、「私」の利益と他者の利益は一致します。つまり、他者の利益を考えることが、自己の利益を考えることにもつながる**のです。

うわべだけで相手を褒めるような一時的な幸せではなく、根源的な幸せを目指して行動すれば、社会そのものが良くなり、回りまわって自分も受益者になることができます。

これをSNSに当てはめると、**発信をする際は、利他的な情報を心がければいい**ので

01 **抜苦与楽**
仏教でいう仏の慈悲の働き。仏・菩薩が衆生の苦しみを取り除き、安楽を与えること。

す。たとえば本書は、ポッドキャスト番組がもとになっています。自分で言うのもなんですが、あの番組は利他的な発信だったと思います。

まず私自身、番組でお話しするのが楽しい。そしてリスナーの中には、その内容を役立ててくれる人もいるでしょう。中には文句を言う人も出るかもしれません。それは私にとって取らなくてもよかったリスクですが、「聴いてよかった」と思う人が一人でもいれば、私はじゅうぶん満足です。その満足の基準は再生回数が伸びるかどうかではないため、それに心をかき乱されることもありません（企画者にとってはビジネスですから、そうも言っていられないでしょうが）。

反対に「こう言えば私の評価が上がるだろう」と自分だけの利益を目的にして発信すると、たとえメディアの仕組みにうまくはまってバズったとしても、得られるのはその瞬間の満足だけで、むしろ空しくなります。**これを我利我利亡者といったりします。**

私は武道をするので、ときどき武道系の動画を見ることがあります。その多くが「誰かの役に立てば」という思いで作られている一方で、ときどき「俺はこんなことができるんだ、すごいだろう」という〝ドヤ感〟が透けて見える動画に出くわすこともあります。そういうコンテンツを見たときは、あまりいい気持ちがしないものです。

このように、**人間の心は舐めたものではありません。すごく敏感に繊細に、発信の裏側**

にあるものを直感的に感じ取ります。

ですからそれをきちんと認識し、人間の認知に畏怖の念を持って「自分だけでなく、他者の喜びにもつながるか」を基準に発信すればいいのではないでしょうか。それが後々、きっと自分のためにもなります。

もしそのとき周りから批判されたら、受け入れつつも「気にするな」というスタンスでいればいいのです。釈迦牟尼も、そう言っているのですから。

1

「寺の子」ではない私がお坊さんになったわけ

＊著者・松波龍源と編集・野村高文の対談です。両者はポッドキャスト『ゆかいな知性 仏教編』でパーソナリティを務めました。

ミイラに魅せられた神秘好きの松波少年

野村　ここまで本書をお読みいただいて、仏教をおもしろく語ってくれる龍源さんについて「この人、何者なの？」と感じる読者も多いと思うんです。そこでこのコラムでは、龍源さんのこれまでのキャリアと、實幢寺という「実験寺院」で何をしようとしているのかを深掘りしていきます。

まず、本書のもとになったポッドキャスト番組で私が紹介した、龍源さんのプロフィールがこちらです。

1978年生まれ、大阪外国語大学外国語学部（現：大阪大学外国語学部）でビルマ語を専攻し、大学院の博士課程前期を修了（修士）。その後、中国の北京で5年間の武術修行に励まれます。帰国後は仏門に入り、真言律宗総本山の西大寺で修行。ミャンマーやチベットの高僧にも師事されます。2018年には京都の西陣織の工場跡地に実験寺院・寶幢寺を創設し、現代社会にフィットする新しい仏教のあり方を模索されています。

気になるワードが多いですね。まず、大学でビルマ語を専攻したとのことですが、進路を決める高校生の時点で、そうした方面に興味があったということですか。

龍源　大阪に住んでいた小学校5年生のとき、万博記念公園内にある国立民族学博物館（通称：みんぱく）に、両親が連れて行ってくれたんです。そこで開催中だった「大アンデス文明展」で見た、少女のミイラに引きつけられまして。

もともと本をよく読む子どもで、中でも神話などが好きで「ゼウスっているのかな」などと思ったりしていました。このミイラを見たことで、ますますそういった——学問的には文化人類学や宗教人類学といった分野に、興味を持つようになったんです。

高校時代のマイブームがチベットやヒマラヤの神秘的な仏教だったので、そういう勉強をしたいなと思い、チベット語と兄弟言語のビルマ語専攻がある大阪外国語大学に入学しました。

仏教に目覚めたのに、志したのは武道

野村　ビルマ語を学び大学院の博士課程前期まで修了されたとのことですが、一番気になるのはやっぱり「北京で5年間の武術修行」ですよ。これは何ですか？

龍源　ヒマラヤの神秘的な文化と同時に、武道にも興味を持っていました。東洋的な思想や哲学を突き詰めると武道と通じるので、両方に関心を抱く人も結構多いんです。それで大学では、ある武道系サークルに入りました。

でも、そのサークル活動の中で、人間関係をこじらせてしまったんです。私が悪かったんですけど、主将になって意気込みすぎたことで、サークルが分裂状態になってしまいました。

それだけなら、まだ耐えられたかもしれません。同じ時期に実家での人間関係が悪化したうえに、当時お付き合いしていた女性との関係もうまくいかなくなり、他にもいくつかつらいことが重なったことで心が壊れてしまいました。人と会うのが怖くなり大学にも行けなくなって、いわゆる抑うつ状態だった思います。

野村　そうだったんですか。

龍源　そんな私を救ってくれたのは、やはり武道でした。あるとき以前から憧れていた、著名な先生の講習を受けるチャンスに恵まれたんです。その先生は、ダメダメだった

私を導いてくださいました。

自分が体験することとは、自分自身がそれまでにしてきたことの結果でしかない。自分のアクションを受けて、他人はリアクションをするからだ。つまり、他人は自分を反射したものである。それを君は武道で学んでいるはずではないのか、と。

その瞬間、私は目が覚めたような思いでした。

「一生懸命やっているのに、なぜみんな僕を傷つけるんだ」「人間なんてもう嫌だ、もう死んでしまいたい」と被害者意識でいっぱいだったけれど、全部自分の心が作ったものだったんだ！　そう納得すると、目の前が一気に明るくなりました。いま思えば、小さなさとりだったと思います。と同時に「これって仏教じゃないか！」と気がついたんです。

これまで私はたしかに仏教の研究をしていましたが、それは「儀礼」というものに対する興味で、仏陀が説いている内容そのものにはあまり関心がなく、経典とは「研究のためのデータ」にすぎないものでした。しかし、その真理に触れた瞬間、私の心に「釈迦牟尼のことば」が響いてきた感覚があったのです。仏教は、人間を、社会を救うためのものなのだという確信が生まれました。

この経験から、私は「お坊さんになりたい！」と思いました。自分が体感したこの感覚を必要とする人は他にもいるはずだから、それを伝えるために、研究者でなく実践者になりたいと考えたのです。

でも私は一般家庭の出身で、寺や僧侶とのつながりもないので、どうやってお坊さんになればいいのかわからない。しかも当時は「日本の仏教はだめだ」と思い込んでいたので、出家するなら本来の仏教が実践されているミャンマーがいいと考えました。しかしいろんなハードルがあって、ミャンマー行きは果たせませんでした。

それなら、私の気づきの入り口となった武道を極めて指導者となり、心と身体の使い方を通して若い人たちに真理を伝えようと思い直したのです。気づきをくださった先生の助言もあり、中国へ武術修行に行くことを決意しました。

まるで映画のような、中国でのマンツーマン武術修行

野村　そうだったんですね。この時点で何歳ですか？

龍源　25歳です。30歳までの5年間を北京で過ごしました。

野村　中国での武術修行と聞いても、映画的なイメージしか思い浮かばないんですけど、武術学校に入ったりしたのですか？

龍源　いえ、組織には属さず個人の先生に弟子入りしました。外国人向けの武術学校も多いのですが、そういうものではなくて本物の伝統武術の師を探したんです。私は日本の武道の指導者資格を持っていますから、自分の「眼」には自信がありました。

でもそのためには、中国語を話せるようにならなくてはいけません。まず語学学校で中

国語をゼロから学び、ある程度の日常会話ができるようになったところで、師匠探しを始めました。

中国では公園や広場など、そこかしこで武術の練習をしている人がいます。数ヵ月いろいろ見て回っているうちに一人、圧倒的にすごい人を見つけました。声をかけたところ、その人は「私はまだ修行中で人には教えられないけど、もっとすごい人がいる」と、彼の兄弟子を紹介してくださいました。

それが、私の師匠となる周継革先生との出会いでした。

野村　へえ、まるで物語のようですね。修行はどんな感じだったのですか。

龍源　稽古は大学のキャンパスの空きスペースなど、基本的に屋外の路上でおこないます。

午前中の語学クラスが終わった後に、だいたい週に3～4回、1日に3～4時間、マンツーマンで指導してもらいました。稽古終わりに先生が「次はいつ、どこどこに来い」と言うので、そこに行くという日々を繰り返します。

私が学んだ武術は、陳氏太極拳(ちんしたいきょくけん)です。太極拳と聞くとゆっくり動くイメージをお持ちでしょうが、陳氏太極拳はまったく違って、とても激しい武術なんです。しかも稽古は路上ですから、毎日傷だらけでヘロヘロになっていました。

修行時代の後半になると、先生は弟子の数も増えて簡略化した手法で教えざるを得なくなりましたから、本当に私は贅沢な時間を過ごさせてもらったなと感じます。求めたとしても得難い「縁」を結ぶことができたからです。

武術の指導者になるはずが、流れで出家!?

野村　ところで、もともと仏教に強烈に惹かれつつ方向転換して武術の先生を志し、中国に行ったじゃないですか。それなのに帰国して結局お坊さんになったのは、どういう経緯があったんですか。

龍源　そう思われて当然ですよね。北京に来て5年が経過した2010年のある日、周先生に呼び出されました。行ってみるといつにない雰囲気で「お前はもう日本に帰れ」と言われたんです。

何かまずいことでもしたかな？ と肝を冷やしましたが、そうではなく「私はお前を認めることにした」と。帰国して自分の道場を作り、弟子を取って教えることが、私のこれからの修行になるというのです。

野村 弟子を取っていいと、師匠の許可が出たのですね。

龍源 そうです。私は「ありがとうございます！」と帰国し、道場を作る準備を始めようとしました。そのとき母から、九州の母方の親戚が私の知らない間に、知り合いのお寺に旅の安全祈願をしてくれていたことを聞かされました。

母に「お礼参りに行かなあかんよ」と言われ、そのお寺に行って住職にごあいさつをしました。「中国で5年も何をしていたの？」と聞かれたので、ここまでお話ししたようなことを伝えると、住職は小さくため息をつき「あんたみたいな人がお坊さんにならなかったら、誰がなるんや！」と言うのです。

「本当はなりたかったんですけど、なり方がわからなくて」と話すと、「じゃあ今ここで、お坊さんになる儀式をしてあげる。武術の先生をしながら、私のところに通ってきて仏教の勉強をすればいい」と言ってくださったのです。

ありがたいと思ったので、あまり深く考えず「お願いします！」と、その場で得度（出家）しました。そのお寺が、たまたま真言律宗だったというわけです。

野村 へえ、そうなんですか！ 自分の意志で密教の真言宗を選んだわけではなかったんですね。

龍源　当時は日本の仏教にあまり興味がなかったので、宗派の違いもよくわかっていませんでした。

それに、5年もの年月をかけて中国で激しい武術を学んできたのです。「住職がいい人だから、ついていけばいいか」というくらいで、あくまでメインは武術の先生であると考えていました。

ところが、私が得度してからわずか1ヵ月ほどで、その住職が急病で亡くなってしまったんです。びっくりしたし、もちろん悲しかったのですが、葬儀などが終わって一息ついたときに、ふと「僕はお坊さんとして〝孤児〟になってしまったんだ」と気づいたのです。

野村　師匠がいなくなってしまいましたからね。

龍源　出家したといっても総本山に名前が登録されただけで、どう勉強していいかもわからない。

後から知ったのですが、真言宗の場合、僧侶として活動するには教師資格（阿闍梨位）が必要になります。四度加行という基本の修行を終え、伝法灌頂という儀式を受けて、初めて一人前のお坊さんとして認められるというわけです。

修行をしなければいけないと知り、本山に問い合わせると「師匠を見つけてください」

と言われました。新しい師匠を見つけようにも、在家出身の私にはつてもありません。「何とかなりませんか?」と聞いてみるものの、本山の担当者も「いやぁ……」と困ってしまう。

そこで手を差し伸べてくれたのが、僧侶としての師匠となる、西大寺の佐伯俊源(さえきしゅんげん)先生でした。行き先がなく困り果てた私を「それは気の毒やなあ」と受け入れてくださったのです。

ミャンマーのように仏教が浸透した社会をつくりたい

野村 そうしたご縁があって、西大寺にてPART7でお聞きしたような厳しい修行を積んだのですね▽P.086。修行期間はどれくらいなんですか?

龍源 まず、種智院大学という宗門の大学で密教学の基礎を教わりました。四度加行でお寺に〝監禁〟されていたのは百日強です。修行の間は決まり事が多く、時間も分刻みで本当にカツカツです。武術で鍛えた自信があったのですが、それでもキツかったですね。

自分が持っていた「知識」のせいで、はじめは懐疑的に思うことも多かったのですが、行が進むにつれて密教の深さ、凄みというものを身体で理解していった感覚がありました。伝法灌頂を受けて一人前の僧侶と認められた後も、先輩たちに声をかけてもらい勉強会や修行に参加するうちに、武術家よりも完全に僧侶メインになってしまいました。こうして、今に至るという感じです。

野村　そうだったんですね。ミャンマーに行って高僧にも学んだとのことですが、パッと行って会えるものなんですか？

龍源　大学でビルマ語専攻だったので（ビルマはミャンマーの旧称）、向こうには研究の調査で何度か行ったことがあり、少し人脈があったんです。

彼らに「日本でお坊さんになった。仏教の勉強をしたいので、現地の僧侶を紹介してもらえないか」とお願いすると、本当にパパパッとすごいレベルの方々に、しかも4～5人もつないでいただけました。やはりあちらはすごいですね。みんな何かしらつながっていますから、「わざわざ海外から仏教の質問に来るらしい」となれば、一斉に動いてくれるんです。

野村　改めて僧侶として訪れたミャンマーで、どんなことを感じましたか。

龍源　ちょっと語弊があるかもしれませんが、「真の仏教国とはこういうことか」と感銘を受けました。

ミャンマーは、国民の約9割が仏教徒の国です。今は国が内戦状態ですし、GDPで見ると世界の最貧国の一つに数えられる国ですが、国民は基本的にすごく穏やかで、親切で寛容です。なぜそうなのかと思い現地でいろんな方と話をすると、彼らの日常生活の隅々にまで、仏教的な価値観が行き渡っていることを感じます。

「人に親切にするのは、相手のためでもあるけれど自分のためでもある」「困っている人を助けるのに、理由なんて必要でしょうか」という考えが当たり前なのです。それはやはり、お坊さんたちがその教えをずっと説き続けているからで、在家の人たちも、お坊さんの話を聞くのが大きな楽しみの一つとなっています。

また、出家者と在家者の世界の風通しがすごくいい。僧侶になることも、やめて在家に戻ることも簡単にできる。お布施だけで成り立っている世界ですから、在家のみなさんも「このお坊さんはまともな人か」というのを、結構シビアに見ているのです。

お坊さんは「お布施をしません」と言われたらやっていけませんから、最低限のレベルが担保される仕組みになっているのですね。やはり、仏教が機能するためにはこのようなシステムでなければ難しいなと、認識を新たにしました。

一方で日本は、せっかく物質的には恵まれていて、内戦などもない安定した社会なのに、どこか生きづらいですよね。これはもったいない。どうすれば日本で仏教が活きるのか、「真の仏教国」ミャンマーを参考に日本仏教のあり方を再考したい。武術を通じて「何か」に気づいたあのときからの思いが、より具体的なものになっていきました。

野村 その思いが、寶幢寺の創設につながっていくんですね。

第2部

論理(ロジック)でわかる仏教の思考体系

第1部では、現代的な事象を仏教で読み解くとどうなるかという観点でお話をしてきました。メタバースやSNSによるバズなど、最新のテクノロジーによって生み出されたものが、2500年前に誕生した仏教と共通点があることは、意外だったかもしれません。

仏教に少し親しみを感じていただいたところで、第2部では、きわめてロジカルな仏教そのものの思考体系や論理をお伝えしていきます。いよいよ仏教の本丸に入りますが、準備はよろしいでしょうか？

でも、構えなくて大丈夫です。ビジネスや日常生活に即した例を用いて、なるべくわかりやすく解説していきます。一度は聞いたことのある仏教用語がたくさん出てきますが、「えっ、それってそういう意味だったの？」と思っていただけることも、きっとあるでしょう。

本題に入る前に、みなさんと共有しておきたい前提があります。

日本の仏教にはさまざまな宗派があり、僧侶や学者にも、いろんな立場の方がいらっしゃいます。仏教用語一つをとっても、宗派や学者によって考え方が違うことも珍しくありません。

ですから本書でお話しすることは、あくまでも、一修行者である私の理解と解釈であり、それは「正しさを主張する」というものではないことをご承知おきください。

本書を読んで「あれ、違う解釈を聞いたことがあるな」と思ったら、他の本に当たってみたり、いろんな方のお話を聞きに行ったりしてください。本書をきっかけに仏教に興味を持っていただけたら、これ以上の喜びはありません。

それに、**「これが唯一絶対だ」という答えを決めないところもまた、仏教的な良さだと思っています。**そして世界に目を向けると、もっと多様な仏教が広がっているのです。

ではここから、仏教思考の論理を解き明かしていきましょう。

PART 9

【一切皆苦】

［いっ-さい-かい-く］

仏教の言葉で、一切の現象や、今そこにある存在はすべて苦しみを内包している、という考え方。

仏教教理を特徴づける4つの根本的教説といわれる「四法印（しほういん）」（諸行無常（しょぎょうむじょう）・諸法無我（しょほうむが）・涅槃寂静（ねはんじゃくじょう）・一切皆苦（いっさいかいく））の一つである。最も基本的な教えである四聖諦の第一にも苦諦（くたい）（この世の一切に苦が存在するという真理）が説かれており、仏教思想の出発点である。

日本では本来の意図を離れ、絶望的な心情を吐露する場合などに使われることが多い。

「一切皆苦」はポジティブな教え

PART1で、仏教は「いかに苦を発生させないか」が最重要テーマであるとお伝えしました▽P.024。それにしてもなぜ、「いかに喜びを生み出すか」ではなく「いかに苦を発生させないか」のほうにフォーカスするのでしょうか。

ちょっとイメージしてみてください。どれだけお金持ちでも、歯が痛ければとてもつらくて苦しいですよね。ごちそうを食べてもおいしくありません。逆に特別ハッピーなことがなくても、体調が良くて悩みがなければ、じんわりと幸せな気分になりませんか。**人間は、喜びよりも苦痛に対するほうが敏感**なのです。

この点に着目し、**苦しみを取り除くことを重視したのが仏教**です。この前提を理解していただいたうえで、「苦」について考えていきましょう。

PART9のテーマである一切皆苦という言葉は、世間ではかなり誤解されているように感じます。たしかに文字だけ見ると「この世のすべては苦しみだ、喜びなんてない」という、とてもネガティブな言葉のように思えます。でも本当は、とてもポジティブな教えなのです。

そもそも仏教そのものが、虚無的・厭世的(えんせい)で「喜びを否定しなくてはいけない」と思われ、遠ざけられがちです。喜びよりも苦しみにフォーカスしている時点で、そう思われても仕方ないかもしれません。しかし**仏教は本来、今この瞬間、自分の人生を豊かに安楽に生きるための哲学**なのです。

第2部を通して、このことをみなさんにお伝えできればと思います。

一切皆苦を私なりに現代的に訳すと**「現状認識を正しくおこない、一切のものの中に苦の可能性が存在することを認めよ」**です。それを示す例を一つ挙げましょう。

会社を経営していて、ある月に結構な赤字が出てしまいました。ところが経営者は「そんなネガティブな話、聞きたくないよ。まだ資金はあるし、今までも何とかやってきたんだから」と言って、苦しい現状を見ようとしない。いわば、目を閉じ耳をふさいだ状態です。

この状態をどう思いますか？　もしかしたら単月の赤字だけで済んで経営に大きな影響はないかもしれませんが、ちょっと心配ですよね。

もっとわかりやすくいうと、目隠しをして外を歩いているようなものです。事故に遭わずに目的地に到着できる可能性もゼロではありませんが、かなり危険だということは誰でもわかります。こう話すと、愚かな行為だとわかるでしょう。

しかしわれわれは日常の中で、これと同じことをしてしまっているのではないか？　**今**

はたまたま破壊的な苦しみに遭わずに済んでいるけれども、それは偶然の産物でしかない。そのことに自覚的でいなさいと教えてくれているのが、一切皆苦なのです。

「苦」を認識して初めて、その回避策が取れる

別の観点からいうと、「すべてのものが苦で終わりを迎える」ととらえることもできます。これもまたネガティブな感じがしますが、やはりそうではありません。

これもPART１で述べましたが、人間はもちろん、動物や植物を含めた生命活動をする存在にとって、最も忌避すべきことは「死」です。生きている以上、より育とうとするし、より健康でいようとするし、より豊かでいようとする。死の可能性からできるだけ遠ざかろうとするのは、生物として当然の本能です。

とはいえ、どんなものも最終的には死を迎えます。個体としての死もさることながら、財産が失われれば「財産を持っている自分の死」、お気に入りのコップが壊れてしまったら、「コップを完全な状態で保有している自分の死」と考えることもできるでしょう。**すべてのものごとは、生まれ、育ち、さまざまな変化を経て意味を失っていく（死に至る）**のです。

私たちは、常に「いつ死ぬだろうか」と考えて生きているわけではありません。でも、

その「いつか訪れる死」に向き合おうとしないままだと、いざ病気になって「あと半年です」と余命を宣告された途端、パニックになり後悔の念に襲われ、大変な苦しみの中で最期を迎えることになりかねません。それは何よりも悲惨なことですね。

そうならないためにはどうすればよいか。まずは、**すべてのものに「苦」という結末が待つのを認識することです。それを認識して初めて、次にどうするべきかが見えてきます。**

先ほどの例を挙げて考えてみると、目隠しを外して危険があることを認識しなければ、その危険を回避するための行動が取れないし、そもそも回避しようという発想さえ浮かびません。

それを気づかせる意味で、釈迦牟尼は「すべてのものは『苦』である」と、ややショッキングな言い方をしたのだと思います。

このようにお話しすると、「家族で一緒に過ごしているときや仕事でうまくいったときなど、幸せな瞬間にも『苦』があるんでしょうか」という質問を受けることがあります。

とてもいい質問だと思います。たとえば家族のだんらんで「ああ、幸せだなぁ」と幸せを感じたとしましょう。しかし、その時点で対の概念として、その幸せが破壊される可能性（苦）が存在してしまうのです。

もちろん幸せな瞬間は、その幸せをじゅうぶん味わうといいでしょう。けれど、「苦」の可能性があることは認めなさいというのが、仏教のスタンスです。それを認めることで、苦しみを発現させないためのアクションが取れるようになるからです。

きわめて仏教的な『スター・ウォーズ』ヨーダの教え

第1部から何度か、因果▽P.131について述べてきました。あらゆるものごとは原因と結果の関係で成り立っており、その関係性や変化を俯瞰しながらアクションを取っていくべきというのが、仏教思考の大きな柱の一つです。

一切皆苦を因果の観点で解釈すれば、**因果関係が導く先の可能性——幸せになる可能性と苦しみに帰結する可能性を、両方きちんと認識したうえで自分の望む方向に自身を向けないと、悪い結果（苦しみ）を生んでしまいかねない**、ということでしょうか。

映画『スター・ウォーズ　エピソード1／ファントムメナス』で、ジェダイ（正義の守護者）の長老であるヨーダが、入門を志願するアナキン少年と向き合うシーンがあります。ヨーダはアナキンの心に、大切な人を失うことに対する強い恐怖があるのを見て取り、次のようなセリフを発します。

すべてに関係がある！　恐れはダーク・サイドに通じる道じゃ。恐れは怒りを呼ぶ。怒りは憎しみを呼ぶ。憎しみは苦しみを呼ぶ。そなたの中には恐れがある。

これを見て、私は「ああ、すごく仏教的だな」と感じました。要するに「恐れてはいけない」と言っているのですが、**人間が恐れを抱くのは、それを回避する術（すべ）を知らないから**です。回避する方法が明確にわかっていれば、恐れる必要はないわけです。

しかし因果関係を正しく認識できないと、回避方法がわからないという状況になり、恐怖を感じて「苦」から目を背けたくなる。しかし、「苦」から目を背けることは、かえって苦痛（ダーク・サイド）への道なのです。逆にいえば、世界や自分を正しく冷静に認識し、そこにある「苦」を認めることで、苦しみにつながらない生き方ができる。ヨーダはこのことを言っているのでしょう。

結局、アナキン少年はその恐怖から目を背け続けた結果、闇に堕ちて、有名な悪役「ダース・ベイダー」となってしまいます。

最大の苦しみ「死」をどのように考えるか

いくら苦しみにつながらないように行動しても、最大の「苦」である死を避けることはできないじゃないか、と思われるかもしれません。

釈迦牟尼はこれに対して「不死の境涯に行く」という表現で答えています。簡単にいえば「死なない境地に行く」ということです。

とはいっても、ゾンビのように生き続けることではありません。死という概念が自分にとって特段の意味を持たない状態になる、自分という個体（身体）があることにさほどこだわらないようになるという意味です。

「私」という人間は、さまざまな因果関係の結果として、今ここに現出しています。**たとえ死によって身体がなくなったとしても、関係性そのものは未来までずっと続いていく**と仏教では考えます。

身体を失った先に何があるのか、本当のところはわかりません。別の何かに生まれ変わる輪廻転生説をとる人もいますし、広い無限の宇宙のようなところに還っていくと考える人もいます。

いずれにせよ、死が迫ったときに「死にたくない！」とあがいて不本意のうちに最期を迎えるのではなく、「これで肉体という束縛を離れて、無限の可能性に開いていくんだ」とポジティブな状態で身体を失うことができるかもしれません。

あらゆるものごとに「苦」の可能性が潜んでいることを認識すれば、たまたま与えられた偶然の産物としての幸せの中に安住し、それが失われたら怒ったり悲しんだりする他律的な生き方ではなく、苦痛を最小化するようにコントロールして、望ましい状態をキープすることは、ある程度可能です。

そして究極的には、個体としての死の恐怖をも乗り越えることができる。このように一切皆苦は、とても自律的でポジティブな希望の教えなのです。

一切皆苦を日々の生活に生かすには

では私たちは日常生活の中で、すべてのものごとに潜む「苦」の可能性——たとえばお金が失われてしまうかもしれないという不安に、どう向き合っていけばいいでしょうか。

まず初めに、**いま予測しているその不本意な状況が、本当に不可避なのかどうか**を考えます。自分が渦中にいて状況にどっぷりはまると先が見えなくなるので、冷静に一歩引いた視点から見る。これまで何度もお伝えしているメタ認知ですね。すると案外、「ああ、そういう手もあったか」と回避の道が見えてくるかもしれません。

次に、考えた結果として不可避である、あるいは回避方法を思いつかない場合は、**その不本意な状態が自分にとって、どういう意味を持つのか**を考えましょう。

それは本当に、自分の幸せを打ち壊すほどの威力のあるものなのか。もしお金を失ったとしても、心まで傷つかないといけないのか。自分の喜びの正体は何なのかを、冷静に見るのです。

人から褒められることを幸せの基準にしている人は、褒められなくなることが「苦」だと感じるかもしれません。でも果たして、人から褒められることを幸せの基準にするのが正しかったのか？　と考え直してみる。その結果、「そうでもなかったな」と認識できれば、それまで「苦」だと思っていたものが「苦」ではなくなるかもしれません。むしろ、新しい視野を獲得するチャンスである可能性が高いでしょう。

それでも最終的に、その不可避な状況が自分にとって不本意だと確定した場合は、その苦しみを甘んじて受け入れます。それは、**さまざまな因果関係の中で、苦痛を受けなければならない流れに自分が乗ってしまった結果**ですからね。しんどいかもしれませんが、必ず後の学びになるはずです。

もしそれで残念ながら生命を失うことになったとしても、先ほど申し上げた「不死の境涯」に至っていれば、死の恐怖を乗り越えて、来世でやり直すか、無限の可能性を持って宇宙に開いていくことができます。

このように、段階ごとに取るべきアクションが網羅されているのも、仏教哲学の壮大なところです。

繰り返しになりますが、仏教はポジティブに生きていくための教えです。**ポジティブに生きるためには、その反対のネガティブを知らなくてはいけません。**ネガティブな可能性を認めることなしに、そこからの回避はあり得ないわけですから。

この一切皆苦をベースとして、第2部を進めていきましょう。

PART 10

【因果・縁起】

［いんが・えんぎ］

〈因果〉

原因と結果。いかなるものでも、生起させるものを因、生起されたものを果という。原因があれば必ず結果があり、結果があれば必ず原因があるというのが因果の理。あらゆるものは因果の法則によって生滅変化する。善悪の行為には必ずその報いがあるという理。

〈縁起〉

他との関係が縁となって生起すること。何かによって別の何かが起こること。縁って生ずることの意で、すべての現象は無数の原因や条件が相互に関係しあって成立しているものであり、独立自存のものではなく、諸条件や原因がなくなれば、結果もおのずからなくなるという仏教の基本的教説。この因果関係を明らかにし、原因や条件を取り除くことによって現象世界（苦しみの世界）から解放されることを目指す。

仏教の根本となる4つの聖なる教え

このPARTのテーマは「因果と縁起」です。「因果応報」「縁起が悪い」というように、二つとも日本語として定着している言葉ですが、実はとても理知的な思考法なのです。ここでは慣用句的な意味を超えた、仏教哲学の真髄にふれていただきたいと思います。

このうち因果については、これまでに何度も「仏教では、すべてのものごとは因果関係で成り立っていると考える」とお話ししてきました。いよいよこれについて、しっかり述べていきましょう。

仏教の根本となる教えに「四聖諦(ししょうたい)」があります。

四聖諦の「諦」は、現代では「諦(あきら)める」とネガティブな意味で使われますが、もとは「あきらむ＝明らかにする」に由来します。つまり四聖諦とは「4つの聖なる真理」ということです。

その4つは何かというと、「苦(く)・集(じゅう)・滅(めつ)・道(どう)」です。1つ目はPART9でお話しした「苦」で、**あらゆるものには苦の可能性が潜んでいる**こと（一切皆苦）を伝えています。

2つ目の「集」は「集諦(じったい)」ともいわれます。**あらゆるものに潜む「苦」の〝可能性〟**

が、「苦」の〝実態〟となって自分に発現してしまうのは、そこに因果関係の連鎖があるからだと言っています。

実際に体感される「苦」とは、その「苦」が発現する可能性（因）から始まって、さまざまな因果関係の連鎖の結果として、「苦の発現」に集束する（果）。すなわち、自分や身の回りに発現したものごとは、因果関係の集束であるという教えです。

その次は「滅」で「滅諦（めったい）」とも呼ばれます。因果関係の流れの中で**「苦の可能性」が集束して実際の「苦」となるのであれば、そうなる道筋を途中でカットすれば、苦が実ることはない**という考えです。可能性が存在するのは避けられないが、それが効力を発揮しないようにすることは可能だ、と説いています。

そして、**原因から結果に至る道筋をどのようにカットするか**、すなわちどのように生きるかが、4つ目の「道」というわけです。

つまり、原因はあってもいいのです。たとえば、畑に雑草の種があっても、それが生い茂りさえしなければ、農業の邪魔にはならないので問題ありません。

この「苦・集・滅・道」という4つの教えで、釈迦牟尼は弟子たちに安楽な生き方を説きました。本PARTで扱う因果は、四聖諦の2番目にあたる部分だと理解してください。

とても科学的・現代的な因果の概念

では、因果とは何なのか。ひとことで言うと科学です。私たちが認識できるあらゆるものごとには、それがそうである原因が存在しています。そして原因と結果の間には「これがこうであれば、こうなる」という対応関係があります。つまり**因果とは、神秘の力のようなものが入り込む余地がなく「必ずそのようになるもの」、自然界の普遍の法則、数式のようなもの**です。

もし世界に全知全能の人格神がいるならば、その神様の気まぐれで「重力の法則、ちょっと飽きたから横にしてみようか」と、今までとまったく違う化学反応が突然起こるかもしれません。しかし、釈迦牟尼はそんなことは起きないと考えました。これは非常に現代的な考え方ですよね。

それに「神様の気まぐれで自然界の法則が変わった」というのも、実は因果関係です。「神様が変えようと思った」という原因と、「変わった」という結果が対応している。その意味でも、**万物は因果関係でしか成り立ち得ない**のです。

とても科学的でしょう？ これをすべての前提にしている点が、私が仏教を「何かを信じる」「何かに祈る」宗教とは、少し違うと感じるところです。

みなさんはお寺や神社に行き「良いことが起こりますように」「〇〇が実現しますように」とお祈りすることがあるでしょう。もちろん祈る行為は尊いのですが、釈迦牟尼は経典の中でしばしば「あなたが望む結果とあなたの行為には、果たして対応関係があるのか」と説いています。

たとえば、一心不乱に受験の合格を祈っても、勉強をせずに試験会場で1問も解けなかったら合格しませんよね。祈ることと試験に合格することに、直接の因果関係はない。要するに、望む結果に対応する行動をしなさいということです。

そうでなければ、結果が得られなかった場合に「祈ったのに合格できなかった」という「苦」を発生させることにつながりかねません。

ある経典に、こんな逸話が出てきます。

釈迦牟尼がガンジス川のほとりを歩いているとき、あるバラモン教の修行者が川で沐浴をしていました。横を通り過ぎる釈迦牟尼を見て、そのバラモン教の修行者は「お前も修行者ならば、なぜガンジス川の水で沐浴しないのか。ガンジス川の水を浴びることでのみ心が清められて解脱に近づくのに、お前は説法して歩き回ってばかりで、沐浴を軽視している。けしからん」と言ったそうです。

それに対し、釈迦牟尼は「水を浴びて解脱に近づくならば、ガンジス川に棲むエビや

「魚は、あなたよりも解脱に近いということですね？」と聞き返したといいます。

まるで、笑い話ですよね。自分の心を清められるのは自分の行動と心のあり方だけで、他のもので清めることはできないのだ、と釈迦牟尼は言っているのです。

たしかに沐浴の効果を信じて一心に取り組むことで雑念が払われ、心が清められることはあるでしょう。けれどガンジス川の水を浴びることと、解脱に直接的な関係はありません。まさに因果論を象徴するような逸話です。

望む結果を得るためには、それに対応する行動をしなければならない。これは釈迦牟尼の生きた時代よりも、むしろ現代を生きる私たちにこそ、腑に落ちる教えではないでしょうか。

「因」を「果」たらしめるのが「縁」

次に、縁起について見ていきましょう。因果と縁起は似ているようですが、少し違います。先ほど、因果は原因と結果が対応するとお伝えしました。そしてその間には、過程が存在します。

過去から続いてきた因果関係の流れの中で、何らかの事象として原因が出現し、それに

因縁生起

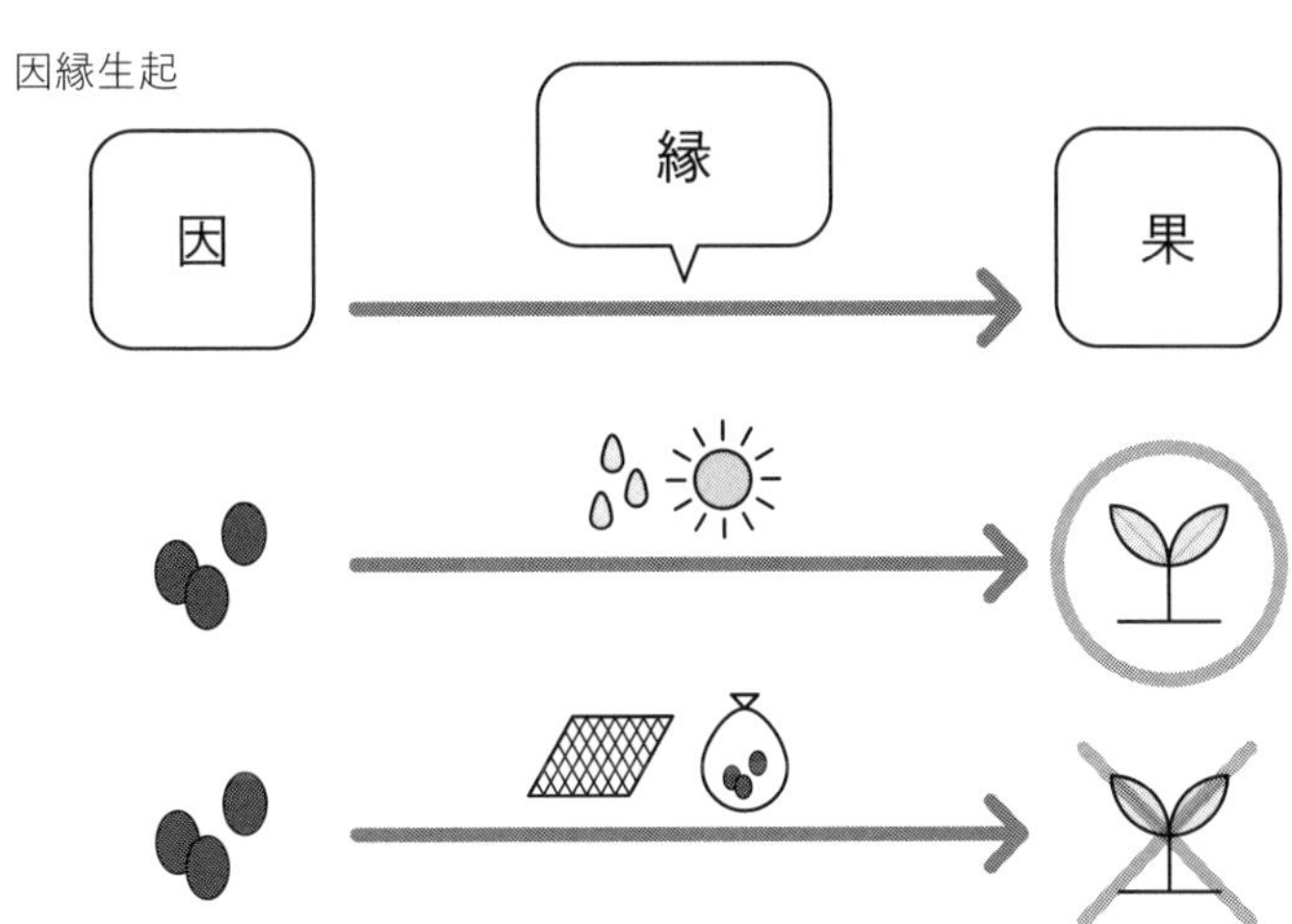

働きかける何らかの作用が加わって、認識可能な結果が出現する。この、**原因に働きかける作用を「縁」**といいます。

まず原因があり、そこに縁が加わって事象が立ち上がってくるという意味で、これを「因縁生起（いんねんしょうき）」、略して縁起と呼びます。逆にいうと、因があっても縁がなければ、何も起きないわけです。

これを先ほどの雑草の例にたとえてみましょう。雑草の種（因）があっても、それをビニール袋に入れて冷蔵庫に貯蔵したままでは発芽しません。そこに水分や日光、土中の養分などが加わって初めて、発芽して草が生い茂る（果）。この水分や日光、土中の養分が、縁なのです。

「因→縁→果」と理解していただければわか

りやすいと思います。

これは四聖諦の3番目、滅諦に関係します。苦の種のようなもの（因）は、あらゆるものに可能性として内包されてしまっているので、どうしようもありません。しかし、ここで**因縁生起をきちんと明らかにできれば、苦を発現させないために、どの要素をカットすればいいかが見えてきます。**

今の雑草の例でいえば、畑の中に雑草の種があるのは仕方ないので、それが生い茂らないように、畑に黒いシートをかけて日光を遮断するようなものです。このように「こうやって防ごう」「あそこには行かないでおこう」などと、良くない結果（苦）が生まれる道筋を、滅諦の考え方で断ち切るのです。

その結果がまた次の「因」や「縁」となり、因果関係は永遠に続いていきます。これが、仏教の世界認識の基礎となります。

ところで雑草が生い茂ると、そこに害虫が寄ってきて卵を産むというように、因果関係が下降スパイラルになり悪循環に陥ってしまいます。逆に上昇スパイラルに乗れば、好循環を生み出せます。

いいことも悪いことも連鎖的に起こりやすいことは、みなさんも体感しているはずです。この点からも、仏教において四聖諦が重要な理由がわかるのではないでしょうか。

「善」「悪」の区別も因果で説明できる

今、当たり前のように「いいこと」「悪いこと」と言いましたが、そもそも善悪の区別とは何なのでしょうか。

釈迦牟尼の直弟子に、「師匠はよく『善を成し、悪を成すな』とおっしゃいますが、これが善だ、これが悪だ、というのはどこで判断するのですか?」と質問した人がいました。

とても本質をついた、いい質問ですよね。釈迦牟尼の十大弟子といわれる方に、私なんかが「いい質問」と言うのはおこがましいのですが、経典を読むときに「ツッコミ」の視点を持つと、仏教の学習がより楽しくなります。

この質問に対する、釈迦牟尼の答えはこうでした。

何か行為を成したり、思いを成したりしてその結果として自分に苦痛が発生することは悪である。その反対に、行動や思考の結果として喜びや安楽がもたらされるのであれば善である。苦痛も安楽も発生しない、とくに何も起きないことは善でも悪でもない。

非常にシンプルな答えですね。ただしこれには「あなたの存在が滅びるときにまで、思いを巡らせて判断せよ」という条件が付加されています。それはどういうことでしょうか。

ここで因果関係が出てきます。因果は、過去から未来へ無限に続いていくので、（暫定的な一区切りとして、今の人生の終わりである）死の瞬間までは最終決定しないという意味です。

つまり、たとえ短期的に「よっしゃ」と思うことがあっても、死ぬ間際に思い返して「あのときのあの行為は、やめておけばよかったな」と思うのであれば、それは悪事となってしまう。なかなか厳しいですが、反論のしようもありませんね。

ちなみに仏教では「輪廻転生」を考えますから、因果関係そのものは「ある人生の死」をも超えて継承されていきます。

このように**仏教は「自分がどう感じるか」を重視する哲学**です。これは後ほど述べる唯識▽P.155にもつながります。

とすると、仏教は非常に主観的な、もっといえば自己中心的なものなのでしょうか。

たしかに、世界は「私」という認識主体が認識するものであって、他者が認識する世界は、「私」には想像することしかできません。そして他者の世界を想像しているのもまた、「私」の認識です。つまり仏教は、「私」の認識から抜けることを諦めています。ここでの「諦める」は、抜けることはできないと「明らかにして」いるのですね。

だからといって、いわゆる〝自己中〟なのかというと、そうではありません。これまで何度かお話ししてきたように、自分という存在は他者の存在があって初めて成立します。他者は自分を映す鏡ですから、自分を安楽に導くことと他者を大切にすることはイコールなのです。

仏教は他律的であることを否定する哲学ですから、あくまでも〝自分ごと〟として、あなたが判断すべきであると考えます。もしその判断をミスしても、自分が選択した因果関係の結果として受け入れ、そこから学びながら前へ進んでいくしかないのです。

PART 11

【空】

［くう］

すべてのものごとは因縁によって生じたものであって、固定的実体がないということ。縁起しているということ。単なる「無（非存在）」ではない。存在するものには、絶対性・固定的本質などはないと考えること。自我の実在を認め、すべてのものに恒久性を認める見解を否定すること。一切の固定的な枠が取り払われた真理の世界。

「空」は「無」ではない

いよいよ、仏教で最重量級のテーマ「空」を語るときがやってきました。『般若心経』に登場する「色即是空(しきそくぜくう)」「空即是色(くうそくぜしき)」という言葉を聞いたことのある方もいるでしょう。

「空」は、仏教哲学の根本・オブ・根本をなす概念です。「空」だけをテーマにした千ページ超の専門書があるくらいですから、このPARTで私がすべてを語り尽くすのは到底不可能です。

繰り返しになりますが、ここで申し上げることは要点をピックアップして圧縮したものです。わかりやすさを最優先していますので、あくまでも「空」の概念を知るための入り口だと思ってください。

さて、「空」というと「空っぽ」の空の字を当てていることから、日本では一般的に「何もない」というイメージを持たれています。とくに東アジア地域では、仏教がインドから伝来した際に「無」を重視する道教と習合して、「空」と「無」が同義で使われる独特の思想が発達しました。

日本でもこの影響を受けた思想が見られますが、実は**「空」と「無」は異なる概念であ**

ることを、まず理解していただきたいのです。

「無」とは文字通り「何もない」こと。それに対して「空」は、表現が難しくなりますが「ないものがない」という状況です。「ないものがない」というのは、物理的なもののことではなく可能性を指しており、すべての可能性が存在しているという意味です。

あらゆる可能性（ポテンシャル）が肯定されるゆえに否定するものがなくなった状態、「あれ」と「これ」との根源的な違いが存在しない真理を表した状態を、「空」といいます。

「空」は西洋哲学における形而上の真理

「あれとこれの根源的な違いが存在しない」と言った時点で、頭にはてなマークが浮かんでいる人も多いかもしれませんね。

ここからは、西洋哲学の言葉を借りて説明しましょう。「形而上（けいじじょう）」「形而下（けいじか）」という言葉を聞いたことはないでしょうか。ものごとが実際に物理的な姿かたちを持って現れている世界を形而下といいます。私たちが生きているこの世界がそうですね。それに対して、姿かたちがなく認識や概念だけの世界を形而上といい、形而下の上位概念とされます。

本PARTでお伝えする「空」の概念は、形而上の真理だと思っていただくとよいでしょう。**あらゆる可能性が存在する海のようなもの**だと考えてください。

そして形而下に現れている姿かたちのある物理的なもの、また「固い・やわらかい」「右・左」といった認識は、**可能性の海である「空」にあるものが、因果関係の働きによって、認識可能な状態として現出する**と考えます▽P.045。

形而下世界での認識や、物体の用途などが区別されるのは、因果関係の働きでそうなったのであって、「空」の段階ではあらゆるものになる可能性が考えられる。だから両者に根源的な違いは存在しないという理解です。

ですから**「空」とは、ものごとに絶対性がないこと、固定的に考えてはいけないことを表した概念**だといえます。

これを端的に表したのが、「色即是空」「空即是色」という言葉です。

「色」とは、身体やペンなど物理的に形のあるものや、「右・左」のように何かを識別する概念など、形而下に現れるもののことです。「実存」ともいいます。

「色」は、「空」という可能性の海から因果関係に導かれ、この世界に現出しています。ですから「色即是空（＝色とはすなわち空である）」は、「実存するものの本質は『空』である」といっているのです。

反対に「空即是色（＝空とはすなわち色である）」は、目の前に現れた現象（色）があるか

色即是空・空即是色

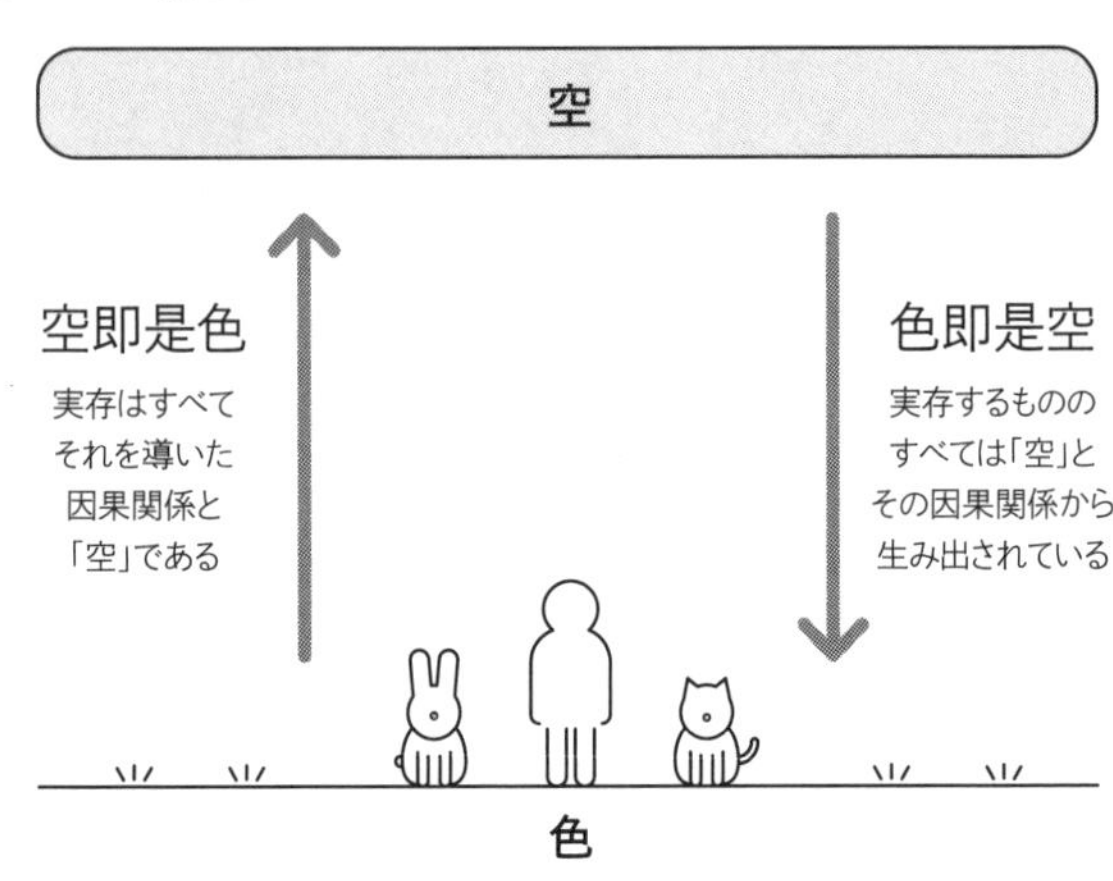

らこそ、それを導いた因果関係と、もとになった可能性の海（空）が認識されることを表しています。

可能性があるから現出しているわけだし（色即是空）、現出があるからこそもとになった可能性を類推することができる（空即是色）。この二つはセットであり、ものごとに絶対性がないことを表す象徴的な言葉となっています。

本当の「真ん中」は、右と左の中間ではない

この「空」を説いた思想体系を、仏教では「中観（ちゅうがん）」といいます。「真ん中を観る」の文字通り、釈迦牟尼は「右岸にも左岸にも偏らずに真ん中を行け」と説きました。これを大乗

仏教の始祖であるナーガールジュナ[01]（龍樹）が少し意味を拡張し、「真の真ん中とは右と左の中間点という意味ではなく、左右の区別のない状態のことだ」と説いたのです。

これも、これまでに何度も申し上げてきた「すべてのものは関係性で成り立っており、相対的である」という考えに基づいています。

右は左に対しての右であって、右という概念だけで存在することはできません。右と左は、互いに互いを要求する相対的なものだから、その中間もまた相対的な概念です。だから相対的な意味での左右や中間を論じても、真実を語っていることにはなりません。

釈迦牟尼が説いた「真ん中」とは真理という意味なのだから、相対的な意味での右と左の中間という意味でとらえてはいけない。本当の真ん中（中観）とは右も左もないことだ、とナーガールジュナは言いたかったのだと思います。

さとりのゴールは「空」だった

そしてこの「空」こそが、仏教でさとるべきものとされています。**「空」の概念を理屈ではなく直観的に理解することができれば、「今の私」という自我を離れ、時空間を自在にとらえられるメタ認知を獲得し、「苦」から脱却して安楽の道にたどり着く**と考えられているのです。

01 ナーガールジュナ
2世紀ごろのインドの僧。無我の思想を発展させて中観を説き、大乗仏教を確立した。漢訳経典では龍樹（密教では龍猛とも）と訳される。

ただ、「空」は私たちの言語概念を超えた世界のものなので、正確に言語で表すことは不可能です。「あらゆる可能性の海」という表現もメタファーの一つで、どのように言語化しても、類推的に示唆するものにすぎません。

このことが、仏教にさまざまな宗派を生み出しました。

たとえば、言語化できないのだから言葉を使わずに「空」の概念を体得しようとするのが禅宗ですし、反対に三論宗(さんろんしゅう)[02]では、言語化できない中でも言葉を尽くして「空」を分析し、真理に近づこうとします。私が学んだ密教では、言語の概念を拡張して物や音などのシンボルを使い、直観的に真理を獲得しようとします。

どれも「空」をさとるという目的は同じですが、方法が違うのですね。「空」が言葉で明確に言い表せるものであれば、もっと方法は絞られるでしょう。言語化が不可能だからこそ、解釈が広がっていろんな方法（宗派）が生まれたというのが、とても興味深いです。

少し脱線しましたが、仏教の最重要テーマである「苦」からの脱却を果たし、自分を安楽に導くためには、私たちが形而下世界で当たり前のように見ているものごとから、一度離れなくてはいけません。

02 三論宗
奈良時代に日本に伝わった南都六宗の一つ。ナーガールジュナが著した『中論』『十二門論』、弟子の提婆（だいば）の『百論』という三つの論書に基づくので三論宗という。一説には弘法大師空海はこの宗派の出身であるという。現代の日本仏教においては少数派となっている。

でないと、常に目の前に現れる何かを「好き／嫌い」と機械的に処理することを繰り返すだけの人生になってしまいます。そうではなく、**目の前に現れているものを、いったん無意味化する。そのためにさとるべきものが、「空」**だと仏教は考えるのです。自分の認識を少し遠いところ――いわゆるメタ認知に飛ばし、あらゆるものの実存を否定すると、次のような論理になります。

1　この世に絶対的なものはなく、すべて「空」なのだから、自分が直面している苦しみも、苦痛を認識している自分も「空」である。

2　目の前のものごとは、「本質が空であるもの」が因果・縁起という作用によって現出した一つの「そう見える何か」であって、それが「何であるか」については無限の可能性がある。

3　つまり「何か」に絶対性はない、ということになる。

4　であれば今が苦しいということは、「苦しみという何か」を現出させている因果・縁起を調整すればいいのだ。

このように考えれば、少し楽になりますよね？

ここで、実存を否定するときに「無である」と言ってしまうと、「でも目の前に○○があるじゃないか」と矛盾が生じ、納得できなくなります。**何もない「無」なのではなく、どんなものにでもなり得る可能性を備えた「空」**なのです。

ものごとの本質は「空」だと理解し、可能性だった時点まで還元して考えれば、目の前のことに必要以上にとらわれることなく、冷静に自らを最適解に導くことができるでしょう。このように、「空」はとても画期的な概念なのです。「無」と同じではないことが、おわかりいただけたと思います。

実は厳密にいえば、「空は可能性の海のようなもの」という概念もまた「空」なので、仏教の歴史の中で「そういう認識をするな」といわれた時期もありました。「何かがある／何かがない」ということを否定するのが「空」のオリジナルな考え方ですから、「空がある」と言った時点で、「空ではないもの」を想定せざるを得なくなってしまうのです。でもそれを言ってしまうと、前に進めなくなりますよね。ものごとを固定的に考えてはいけないと言いつつも、形而下世界のわれわれは、言語で何かを固定しながら生きています。

仏教はポジティブに生きるための思考ツールですから、厳密な正しさよりも苦しみを脱却して安楽の境地に至ることを優先し、「空」を「可能性の海のようなもの、ということにしておきましょう」と便宜的にとらえたらよいと私は考えます。

「空」はポジティブに生きるためのライフハック

この「空」の概念が、私たちの思い込みを打破する例を紹介しましょう。

古代インドの人たちは、**世の中のあらゆるものが、「それ」を「それ」たらしめる本質「自性（じしょう）」を持っている**と考えました。犬なら犬性、猫なら猫性、人間なら人間性があり、そのサブカテゴリとして私であれば龍源性が備わっている。自性があるから、他のものと区別できるのだという論理です。

たしかに私たちは、これに近い世界観でものごとを見ています。「コップをコップだと思うのは、コップ性を見ているからだ」と言われれば、何となく納得しそうです。極端にいえば、犬から犬性を引っこ抜くと一つ前の段階である〝動物〟に還元され、そこに猫性をはめ込むと猫になる、という考え方です。

しかも**自性は、「それ」そのものの絶対的な本質であるとされていました。**これが現代まで続く、インドのいわゆるカースト制度につながっています。

王族には王族性が、僧侶には僧侶性が、奴隷には奴隷性があり、それがその人の絶対的な本質だから、何があっても変わることはない。だから奴隷と一緒にご飯を食べてはいけないのだ、という階級差別を生み出してしまうのです。

それを否定したのが、仏教の「空」の概念です。ものごとが「空」である性質を「空性」といいます。あるものごとに絶対的な本質（自性）をあえて認めるとすれば、それは空性である、と考えます。目の前の事象は、因果関係によって現れた「空」のある側面を見ているにすぎない。だからそれは絶対的なものではなく、因果関係によって変わり得るのだ、と説いたのです。

これを、われわれにもわかりやすい、現代の物体を用いて考えてみましょう。本書は音声番組がもとになっているので、収録時には私の目の前にマイクがありました。古代インドの考え方をすれば、このマイクには「何がどうなっても絶対にこれはマイクなのだ」というマイク性が備わっていることになります。

ちょっと極端なたとえ話をしますが、世界の文明が崩壊して漫画『北斗の拳』のような荒野になったとイメージしてください。すると、マイクのような文明の利器は意味をなさなくなります。

わずかに生き残った人が、かつてマイクだった金属の塊を拾い、小屋を建てるために釘を打つこともあるでしょう。そのとき、マイク性とトンカチ性は入れ替わったのでしょうか？　そんなことはありませんよね。その金属がマイクとして使われるのかトンカチとして使われるのかは、そのものの性質に関係なく、環境によって変わるのですから。

もし、ものごとに絶対性（自性）を認めてしまうと大変なことになります。先ほどの例でいえば、マイクはマイクとしてしか使えませんから、小屋を建てるためにトンカチのような使い方ができるかもしれない可能性を、否定することになってしまう。

それと同様に、目の前に現れた苦痛が絶対的なもので、どう頑張っても逃げられないし変えられないなんて、これほど悲惨なことはありません。

それに対して「空」の概念は「そんなことはない」と言っています。すべては「空」であり相対的なものだから、目の前に現れた苦痛も「空」だし、「自分が苦痛だと感じている性」にも絶対性はない。

重要なのは、**可能性の海から因果関係によって形而下に何を出現させるかだ。その因果関係は100パーセントではないにせよ、ある程度は自分でコントロールできるのだ、という希望の教えなのです**。今ふうにいえば、ライフハックでしょうか。

こうして別の概念と比較すると、「空」という真理がよくぞ見いだされたものだと感心します。これをうまく使って、人生を豊かにしていきたいものですね。

本書のＰＡＲＴ６で、「今」がどうであるかによって、過去のできごとの意味は変わるという話をしました。これもまさに空性の表れです。ものごとに絶対性があるのなら、過去のできごとはそれが起こった時点で、意味が確定しているはずですから。

なぜ過去の意味が変わるかというと、自分の認識が変化するからです（自分の認識も空ですから、変化する可能性があります）。世の中にさまざまなパラメーター（変数）が存在する中で唯一、主体的にコントロールできるのが自分の認識です。だから苦しみに直面しても、対処の方法はあると仏教は説いています。

結局、自分の認識がすべてであるという話になったところで、PART12のテーマ「唯識」に入っていきましょう。

PART 12

【唯識】

［ゆいーしき］

すべてのものごとは、ただ心から現れた表象（イメージ）であるのみということ。唯は「ただ、それのみ」の意味、識は認識作用、識別作用を表す。唯識の祖とされるマイトレーヤ（弥勒）によって興され、4世紀ごろにアサンガ（無著）、ヴァスバンドゥ（世親）の兄弟によって大成された思想で、人間の認識は8種類（眼識・耳識・鼻識・舌識・身識・意識・末那識・阿頼耶識）によって成り立つと考える。

唯識の思想を重んじる一派を唯識派という。瞑想（ヨーガ）によって心の本質を追究しようとするため、瑜伽行派、瑜伽唯識派などともいわれる。

絶対的なものはないと言うけれど、目の前にあるじゃないか

PART12のテーマである「唯識」は、「空」の概念を説いた中観哲学と並ぶ、大乗仏教の二本柱のうちの一本です。**唯識とは「ただ、識のみ」という文字通り、すべてのものごとは、自分の認識によってのみ成り立っているという意味です。**

前のPARTでお話ししたように、この世のあらゆるものごとの本質は「空」です。「空」とはすべての可能性が存在する海のようなもので、たとえば「人間」と「犬」、または「硬い」と「やわらかい」は根源的なレベルでは違わない。だから絶対的なものは存在しないのだという概念でしたね。

ただ私たちの目の前には、パソコンやマイク、ペンや文字などが認識可能な状態として現れています。それらは**区別されるし、触ることもできて操作もできる。これを「実存」といいます。**中観哲学のいう絶対性はないにせよ、「空」の世界からこの形而下に現出してきて、たしかにわれわれに認識されている。この状況は何なのか、それを説明できるのが唯識論です。

あるものが形而下世界で認識されているということは、それを認識する作用が存在して

世界は「私」の認識があって初めて成り立つ

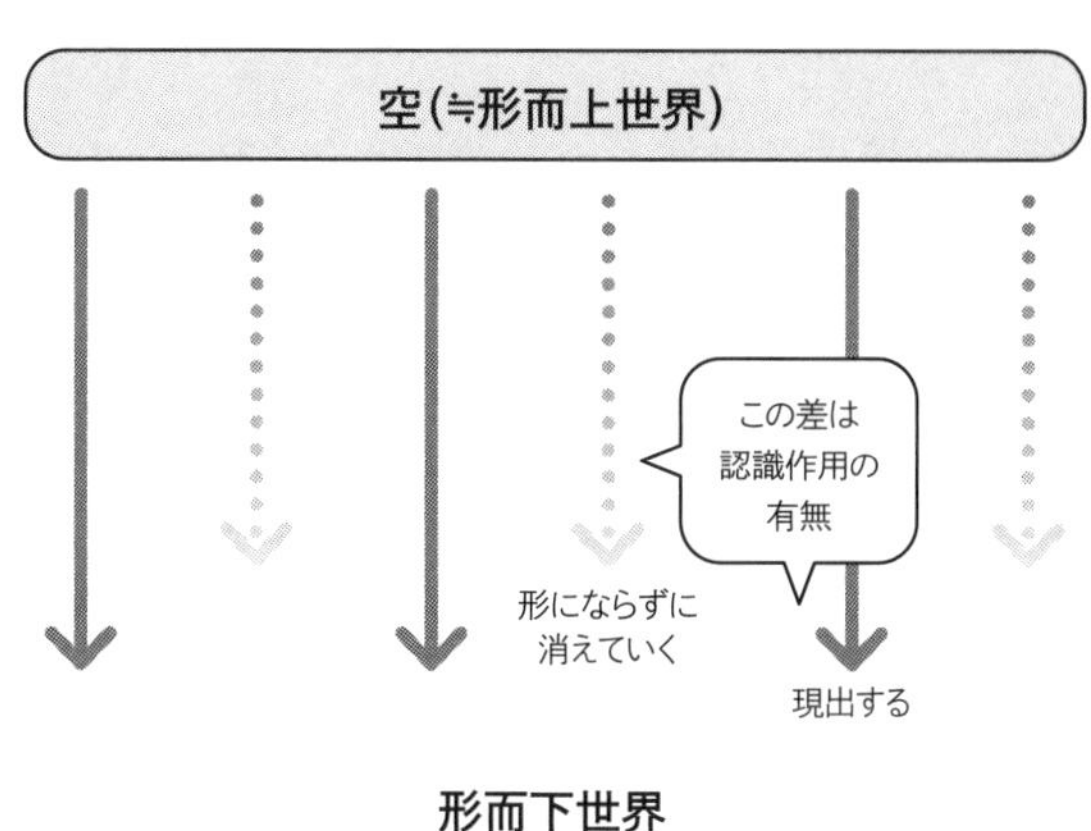

いるということです。「空」から因果関係を伝って現れるものがある一方で、それが認識されなければその現れは無意味、つまり存在がないのと同義になります。その中で「何かが何かとして認識されている」ということは、**認識力を持った存在が、その力を向けたからこそ、そのものの存在が確定している**と考えます。

その認識力を持った存在とは、要するに「私」ですね。もちろん「私」も本質は「空」なので絶対性はありませんが、そこにこだわると前に進まなくなるので、**認識する自分の心は、いったん「因果関係の集束として存在している」と仮定**します。

その自分が、あるものを見て「あ、これはペンだな」と認識すれば、それはペンと認められる。つまりペンの実存性は、「私」の認識によって担保されています。

このように、**世界は「私」の認識があって初めて成り立つというのが、唯識の基礎的な考え方**です。

世界は、それを認識する人の数だけ存在する

この「私」が認識する世界は、「私」の認識の中においてのみ意味を持ちます。つまり、Aさんが認識する世界とBさんが認識する世界では、認識の対象物は同じでも、その意味が異なる可能性が高いのです。

突然ですが、赤色を思い浮かべてください。このように言うと、おそらく思い浮かべた人の数だけの赤色が出現したのではないでしょうか。私がイメージした赤色とまったく同じ赤色が現れた可能性は、きわめてゼロに近いはずです。赤色にも幅がありますし、「りんごの赤」と思ったとしても、その認識されるりんごの意味さえ、一人一人異なるからです。

「私」の世界は、「私」の認識の中においてのみ意味を持つとは、そういうことです。「一人一宇宙」という言葉があるように、**認識力を持った存在の数だけ、世界（宇宙）は存在しています。**

このことを表す「一水四見（いっすいしけん）」という経典の逸話があります。1つの水を4つの認識主体が見て、その水に絶対性がないことを示唆するものですが、この伝統的な説話は、われわれ現代人には少しわかりにくいので、アレンジして子犬でたとえたいと思います。

ここに、1匹の子犬がいます。私は動物が好きなので、子犬を見ると「かわいいな」と感じます。しっぽを振りながらワンワンと近寄ってきたら、撫でたり抱き上げたりせずにはいられません。

けれど、犬が苦手な人もいますね。そういう人は、この子犬が絶対に噛まないとわかっていても、犬というだけで無条件に怖がってしまう。

あるいは「動物は病原菌や寄生虫の巣窟である」と考える潔癖タイプの人もいます。実際、犬を撫でた私に「石鹸で手を洗ってアルコール消毒をしてからじゃないと近づかないで」と言った知人がいました。

はたまた、中国の東北地方には犬食文化があるので、その地域の人は子犬を見たら「おいしそう」と思うかもしれません。

このように、同じ子犬を見ても、ある人は「かわいい」、ある人は「怖い」、ある人は

二重スリット実験①

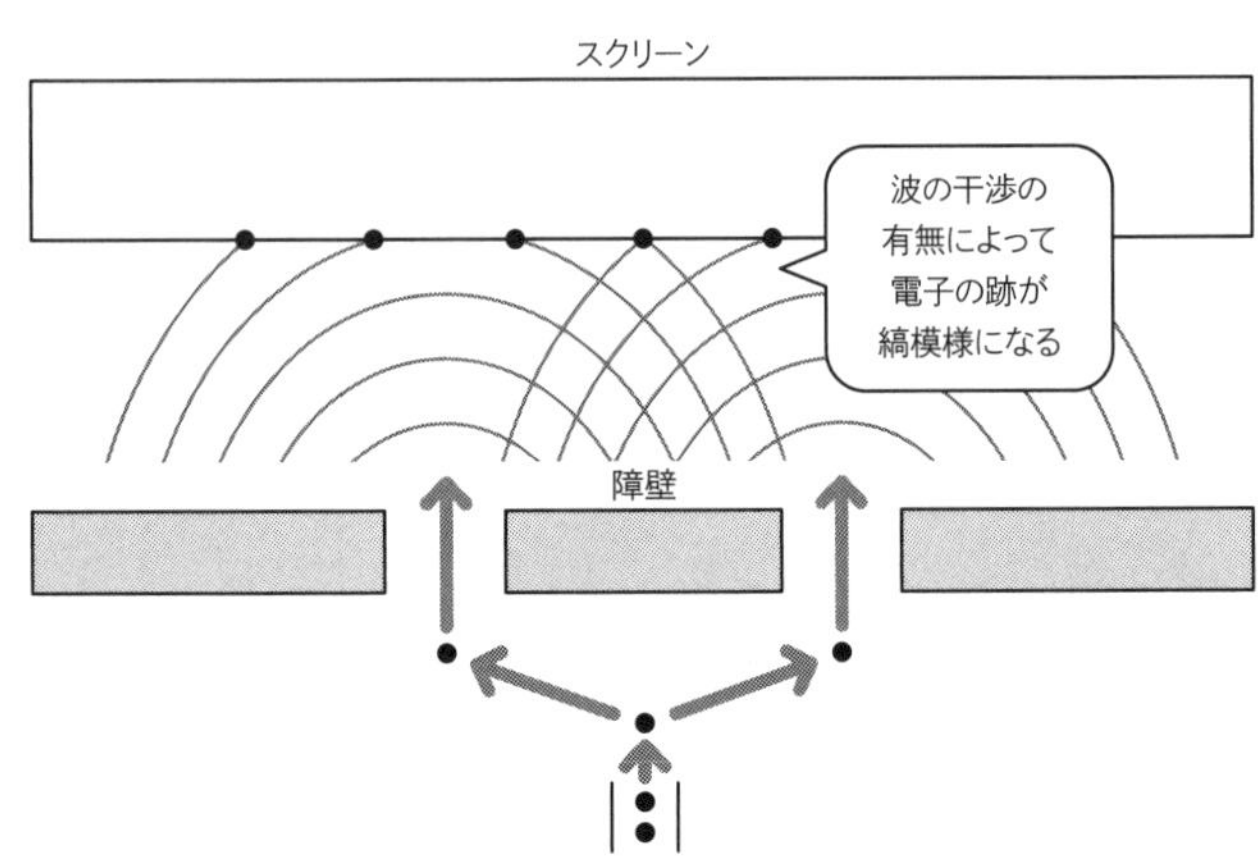

「汚い」、ある人は「おいしそう」と、少なくとも4つの見方が存在します。

もし「かわいい子犬」という実存に絶対性があるならば、4種類もの認識は存在しないはずですよね。つまりこれは、**実存よりも認識のほうが先に立っていることの表れです。このことから、唯識は正しいと考えることができます。**

唯識の理論は、量子力学とよく似ている

さて、**「認識主体が認識することで実存性が担保される」という唯識の理論を裏返すと、「認識されていないものは、可能性としてしか存在しない（形を取ることができない）」**と考えることができます。

二重スリット実験②

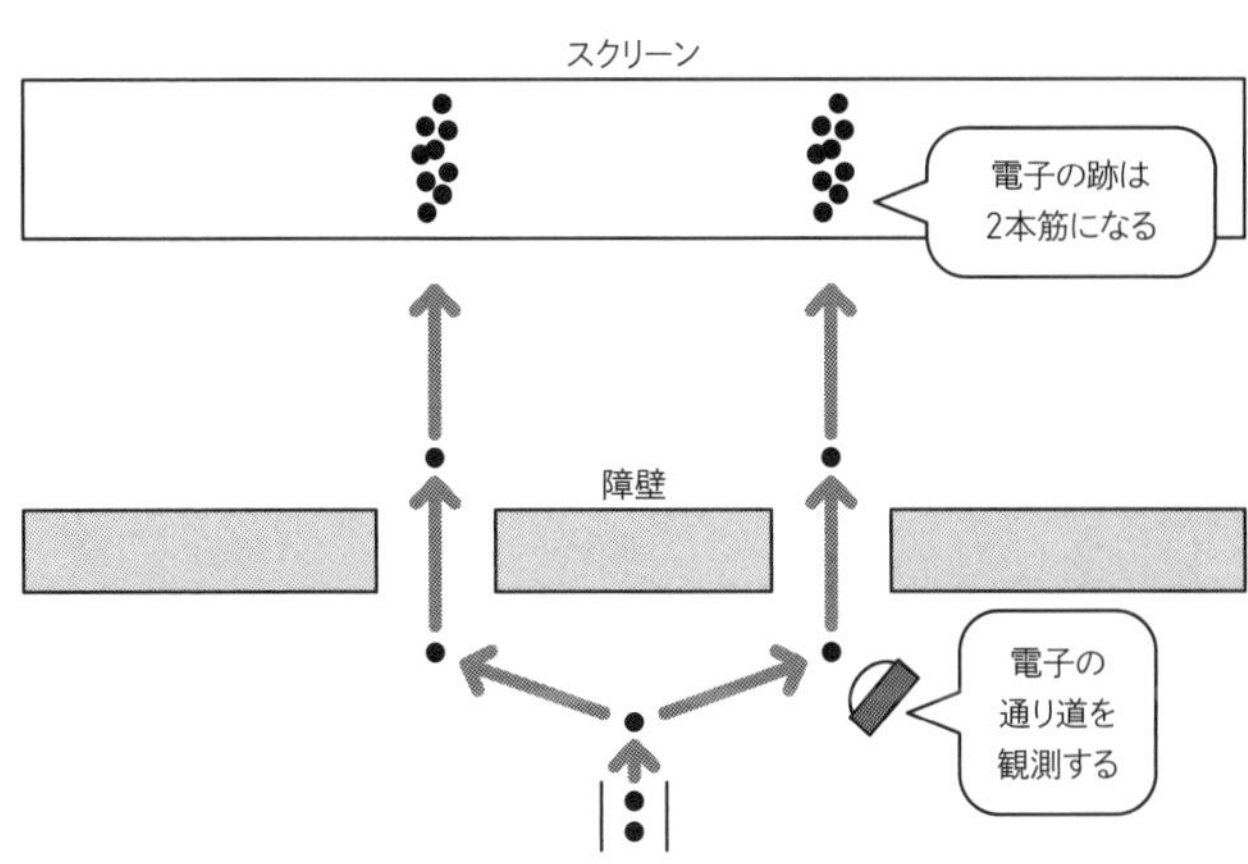

おもしろいことに、これと似たようなことが、現在の量子力学で〝世界で最も美しい実験〟とされる「二重スリット実験」で明らかになっているのです。

専門ではない私が説明するのも恐縮なのですが、これは、電子が粒子なのか、波動なのかを調べようという実験でした。ある地点からスクリーンに向かって、電子を最小単位ずつ発射します。電子がぶつかると、スクリーンにはその痕跡が残ります。

電子の射出機とスクリーンの間に、2本の細いスリットの入った障壁を立てます。こうすることによって、もし電子が粒子なら、2本のスリットを通ってスクリーンにぶつかりますから、スクリーンには2本の筋状の痕跡が記録されるはずです。もし電子が波動であるなら、2本のスリットを通ったことによって、スクリーンには波が重なった部分と、そうでない部分の干渉し合った縞模様のようなものが記録されるはずです。

さて実験の結果はどうなったでしょうか？　スクリーンに記録されたのは干渉縞でした（図：二重スリット実験①）。これは、電子は波動であることを示しています。では、電子がどちらのスリットをどのように通るのかを観測すると、不思議なことに今度は、スクリーンに2本線の痕跡が現れたのです（図：二重スリット実験②）。2本線は、電子が粒子であるという証拠でしたよね。

まったく不可解なことですが、電子は観測されていると粒子としてふるまい、観測されていないと波動としてふるまうという結果が出たのです。この結果は「電子は、観測されることで初めて粒子状になるのではないか」と世界中に驚きをもたらしました。

この実験結果は、唯識の理論とよく似ていると思いませんか？　**観測（認識）されないうちは「空」、つまり可能性としてのみ存在し、観測された瞬間に意味を持ち、存在が確定する。**

先ほどの子犬の例でいえば、認識されるまでは「私にとってはかわいい子犬だが、別の人にとっては恐ろしい獣」という可能性（空）で、認識されると、かわいい子犬になるのか恐ろしい獣になるのかが確定する。どのような存在に確定するのかは、認識力によって変わります。

二重スリット実験でいえば、干渉縞はその光がとり得た可能性の幅（＝その光の「空」）としての側面）、2本の筋状の痕跡は、認識主体の観測によって確定した「物質的実存」としての側面、といったところでしょうか。

量子力学と唯識の相関が科学的に証明されているわけではありませんが、最先端の科学と2500年前から続く仏教哲学に類似性があることには、深い興味を禁じ得ません。

フロイトの「無意識論」とも近い、唯識論の8段階

ところで、この唯識論を確立した大乗仏教の一派を唯識派と呼びますが、彼らは、**われわれの認識は8種類・4段階の識に分けられる**と考えました。これを「八識説」といいます。一つずつ見ていきましょう。

まず、4段階で最も表面にあるものを「前五識」といいます。これは眼識（視覚）・耳識（聴覚）・鼻識（嗅覚）・舌識（味覚）・身識（触覚）のことで、いわゆる五感を表しています。

しかし、前五識が指すのはあくまでも認識の部分で、身体の器官でいえば大脳感覚野に

八識説

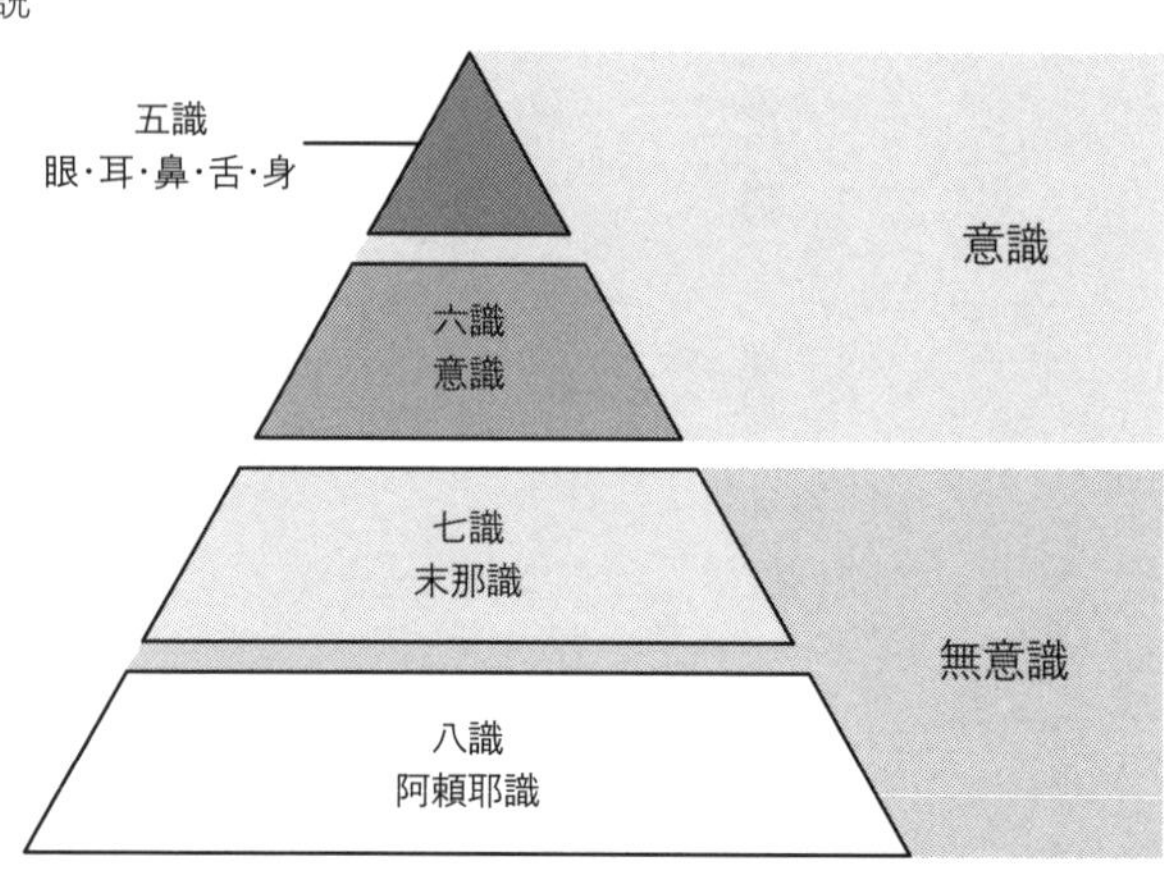

あたります。目から入る光が網膜に達し、その像が視神経に伝わって……というセンサーの役割とは異なることを付け加えておきます。センサーの役割を担う部分は「根」という字を使って「五根（ごこん）」と呼びますが、科学が発達していない時代にセンサーと認識を分けていたことには驚かされます。

次に、一つ内側の2段階目、6番目の識を「意識」といいます。私たちが日常的に使っているこの言葉は、実は仏教用語なのです。この意識が、一般的な「私」の正体だと考えてよいでしょう。私たちは言語作用を持つ意識の領域で、考えたり行動したりします。

この**前五識と意識までが、自分がその識の存在を確認できる顕在意識の領域**です。

人間の認識がすべて顕在意識であるなら

ば、事業を成功させたいとか志望校に入学したいとか、自分が希望する状態にこれらの意識を持っていけば、人生は比較的コントロールしやすいはずです。「引き寄せの法則」という言葉もありますよね。

しかし実際には、いくら意識をそちらに寄せても思うようにならないことがあるのは、みなさんもご存じの通りです。唯識派はそれを「自分が、その存在に気づくことができない潜在意識があるのだ」と考えました。これが7番目、8番目の識にあたります。

まず7番目、3段階目の認識を「末那識（まなしき）」といいます。**末那識は非言語の潜在意識で、その人がこれまでに思考した、感じた、あるいは体験したことが一つも失われることなく蓄積されている領域**です。その中から因果関係によって「好き／嫌い」のような条件づけがなされ、言語や理性では制御できない衝動や情動として発現してきます。

たとえば「この犬は噛みませんよ、あなたに親愛の情を示していますよ」と子犬を見せられて、どれだけ頭で了解したとしても「でも無理」ということがありますね。これは、子どものころに犬に噛まれるなどして、たとえ本人の記憶になくても犬に対する恐怖が末那識に蓄積されているからです。「深夜の夜食が身体に良くないとわかっているのに、やめられない」というのもこれと同じで、理屈ではなく末那識が夜食を求めているのです。

つまり、私たちが自我とかエゴと呼んでいるものは、意識ではなく末那識のことです。

西洋の心理学でフロイトが提唱した「無意識論」[01]で、氷山のうち海の中にあって見えない部分にあたります。『我が強いやつだ』と言われるから直そう」とわかっているのに、なかなか直せないのは、末那識が無意識だからなのです。

さらにその内側には、8番目、4段階目の認識である「阿頼耶識（あーらやしき）」があり、これが識の根源だとされています。

阿頼耶識は、個体や時間、空間を超越して存在する集合的無意識とでもいいましょうか。**自分という個体を超えて、人類、というより世界、宇宙がこれまで経験したことが、すべて蓄積されている海のようなもの**です。海のように横たわる阿頼耶識があり、そこから立ち上がった波頭のようなものが、末那識だと考えるとよいでしょう。

ですから、「私」という個体が形を保てなくなる（死ぬ）ことは、阿頼耶識という集合的無意識の海に、波頭が吸収されるようなものかもしれません。そこに個体として存在し続けようとする勢いがあると、波が海へ落ち込んだ衝撃が、また次の波を立ち上がらせる。これを輪廻ととらえることもできます。

01 **無意識論**
人間の意識には、意識（顕在意識）と前意識・無意識（潜在意識）があり、自分で認識できる意識は海面に突き出た氷山の一角のようなもので、全体のごくわずかである。大部分は海中にあって見えない前意識・無意識と呼ばれるもの、これが意識に大きな影響を与えているという考え方。

いいことも悪いことも、連鎖的に起こるのは理由がある

この八識を、われわれの生活に当てはめてみましょう。私たちが何か思考や行動をすると、その「何か」が自分の中に認識されるわけですよね。それが種のようなものになって末那識、阿頼耶識へと落ちていき、蓄積される。それが何らかのきっかけで阿頼耶識から種が芽吹き、因果関係を伝って末那識から意識へ、そして前五識へとフィードバックされると、次の行動が起こります。認識は、次の行動を作っているのです。

こうしたサイクルがあるため、「犬が怖い」という認識がひとたび起こると「犬が怖い→逃げる→逃げると追いかけられる→追いかけられるから余計に怖くなる」というふうに、恐怖がどんどん強化されてしまいます。**いいことにせよ悪いことにせよ、ものごとが連鎖的に起こりやすくなるのは、認識のサイクルが心の方向づけを強化するため**です。

ですから逆に、**意識的に今までと違う行動を取るようにすると、これまでにはない性質の種が芽吹き、心の方向性を変えることができる**。これを繰り返すことで、少しずつ人格が変わっていきます。

人生を好転させる方法として「環境を変えましょう」「初めての体験をしましょう」という言葉をよく聞きますが、これは唯識の観点からも、とても重要で意味のあることなのです。

ときどき「なぜそんなことで怒るのかな?」という人に出会うことはありませんか? 普通の人は気に留めないか、むしろ善意と受け取るような言葉について、謎に怒り出してしまう人が。それはきっと、その人の末那識の中に相手の善意をストレートに受け止められない「何か」があるのでしょう。

ここまでの話でご理解いただけたと思いますが、潜在意識(末那識・阿頼耶識)も含めて、**認識とは自分のあり方そのもの**です。その認識の中に「苦しい」「けがらわしい」と確定させるものがあると、それが形而下に現れてしまいます。せっかくかわいい子犬なのに「怖い」「汚い」と思ってしまうのは、ハッピーじゃないですよね。

それならば、清らかで安楽なあり方になるように努めたほうが合理的です。**自分の体験に意味を与えるのは自分自身**なのですから、その意味がポジティブになるように識の状態をコントロールすることが、人生の重要事項なのです。

唯識派は「自分を仏陀と認識する」状態を目指した

さて、出家者は仏陀になってさとりを開くことを目指して修行をします。八識説を唱えた唯識派の人たちは、凡夫(ぼんぷ)(まださとっていない普通の人間)がさとりの境地に至っていないのは、「その人間の認識力が、自分を仏陀だと認識できないからだ」と考えました。

すべてのものごとの本質は「空」なのだから、仏陀も「空」である。犬や猫やバッタも、私自身も、仏陀も、その本質は「空」であって平等なはず。けれども自分が自分であって仏陀でないのは、「空」を形而下に現出させる認識力（因果関係）が、自分を仏陀たらしめていないからだ、という理屈です。

だから**唯識派にとっての修行とは、自分の認識力を「自分を仏陀だと認識できる状況」に変えていくこと**なのです。自分を凡夫たらしめている種のようなものを阿頼耶識の奥底から除去し、仏陀の状態に上書きすることを目指します。阿頼耶識の奥底から「自分という存在が仏陀なのだ」と認識でき、さらに他者から見ても「この人は仏陀だ」と認識される状態になったら、完全な仏陀になるというわけです。

ヨーガ・瞑想の仏教哲学的なメリット

近年、日本でも「瞑想・マインドフルネス」という言葉が認知されるようになり、ビジネスパーソンにも注目されるようになってきています。またヒンドゥー教由来の「ヨーガ」はフィットネスやスピリチュアルの領域で実践され、精神安定や美容に効果があることが知られています。

02 **ヴィパッサナー**
自分の今の状態に気づき、よりよく生きるためにものごとをありのままに見ることを重視する、仏教の古い瞑想法。

マインドフルネスは、上座部仏教の瞑想法である「ヴィパッサナー」[02]より派生したもので、自分自身の認識、意識に徹底的に自覚的であろうとする方法です。

ヒンドゥー教系のヨーガは、シヴァ神やヴィシュヌ神などの神々や「ブラフマン」と呼ばれる宇宙原理と一体化することを目的としています。現代おこなわれるヨーガ(ヨガ)はポーズを取ることが注目されますが、ヨーガとは本来、サンスクリット語で「結びつける」「結合させる」という意味があります。**理想的な「何か」に、現時点でまだ理想的ではない自分自身を結びつけるのです。**

そして、大乗仏教の唯識派は「瑜伽行(ゆがぎょう)」という修行をおこなうことによって、自身を高めようとしてきたので「瑜伽唯識派・瑜伽行派」と呼ばれることがあります。瑜伽はヨーガの音訳で、前述の通り「結びつける」という意味です。では、唯識派の修行者は、何と何とを「結びつける」のでしょうか?

唯識派の瑜伽行では、自分自身の「識」を「自分が仏陀になった状態」の認識に結びつけようとします。ヒンドゥー教の人々がシヴァ神やヴィシュヌ神を「理想型」としたのに対して、大乗仏教では『空』をさとった仏陀の認識」を「結びつくべき理想の状態」と考えたのですね。

中でも密教では、身体性を重視する瞑想法の伝統を持っています。潜在意識である末那識や阿頼耶識には言語が効かないですから、身体感覚を使うのです。

コントロール可能な顕在意識の範囲でいくら頑張っても、意味がないとまでは言いませんが、その効果は限定的です。無意識の領域から根本的に変えていこうとした古くからの智慧は、出家者だけでなく現代を生きるごく普通の人々にとっても、道しるべとなる可能性があるのではないでしょうか。

PART 13

【上座部仏教・大乗仏教】

［じょうーざーぶーぶっきょう・だいじょうーぶっきょう］

〈上座部〉

釈迦牟尼の教えや戒律を厳格に守り、継承しようとする仏教の保守派。自身が出家して厳格な戒律のもと修行を積むことでのみ、さとりが開けると考える。厳格な保守派は地位の高い長老たちが多かったので上座部と呼ばれるようになった（上座とは長老の意味）。現在では上座部と大乗が二大流派として現存している。

〈大乗〉

大きな乗り物の意。乗り物とは仏教の教義体系を指し、それが迷いの世界からさとりの世界へと人々を運ぶ働きを持つことのたとえ。紀元前後もしくは1～2世紀ごろに興った、一切衆生の救いを目指す新しい仏教運動。その特徴は、自らのさとりだけでなく広く衆生を救済するため、仏になることを主張する点にある。資質の優れた出家修行僧のみが解脱し得るとする伝統的仏教に異議を唱え、一般民衆、在家信者の解脱を切実な問題とする立場から起こった。こうした新しい考えをナーガールジュナが体系化し、大乗仏教を完成したとされる。

両者の決定的な違いは、「仏陀」の定義

大乗仏教と上座部仏教のうち、大乗仏教という言葉はここまでに何度も出てきました。でも、「大乗仏教って何なんだろう」と思いながら読み進めてきた方もいらっしゃるのではないでしょうか。

仏教にはさまざまな宗派がありますが、その前に、大きく二つの流派に分かれます。それが、大乗仏教と上座部仏教です。**釈迦牟尼の死後、古い形を極力残そうとしたのが上座部仏教で、時代や地域によって変化をいとわないのが大乗仏教**だと考えてください。

上座部仏教は仏教発祥の地であるインドから比較的近い、東南アジア地域に普及しており、ヒマラヤ山脈の国々、中央アジアから中国、朝鮮半島、日本には、大乗仏教が普及しました。**ですから日本の伝統宗派は、すべて大乗仏教**です。私が所属する真言宗も天台宗も、浄土宗も浄土真宗も、臨済宗も曹洞宗も日蓮宗も、すべて大乗仏教のグループで、その中で各宗派に分かれているのですね。

そして、本書でお伝えする仏教哲学は大乗仏教に基づいているため、上座部の教えとは異なる部分もあります。このような前提を理解していただいたうえで、二つの流派の特徴や違いを見ていきましょう。

まず、大乗仏教と上座部仏教の違いは何でしょうか。一般的な本や世界史の授業では、よく「上座部仏教は個人主義で、他者をも救おうとするのが大乗仏教」などと表現されます。たしかにその通りなのですが、それが何を示すのかという点では、やや説明が足りていないような気がします。

両者の違いはさまざまな角度から研究されていますが、それらのすべてを貫くキーとなるのは、**「さとりを開いた人の定義」**の違いではないかと私は解釈しています。

言うまでもなく、仏教の目的はさとりを開くことです。さとりを開くとは、解脱すること。何から解脱するのかといえば、今までも何度かお話してきた通り「苦」からの解脱です。われわれの中には苦しみの原因があって、自分の思考や行動いかんによっては、それが実際の苦しみに成就してしまいますが、その「苦」の成就から免れることを解脱といいます。「苦」がなくなるのではなく、成就しなくなるのだと理解してください▽P.120。

このようにして**さとりを開いた人には大きく二種類があります。その一つが「仏陀」で、もう一つが「阿羅漢（あらかん）」**です。

両方とも「さとりを開いた」という点では同じです。たとえば、禅宗系の寺でよく見られる五百羅漢（ごひゃくらかん）は、一人一人がさとりを開いた阿羅漢です。釈迦牟尼の弟子として表現されているので、「同じだ」と聞くと意外に思う方もいらっしゃるかもしれません。

では、同じ解脱者である仏陀と阿羅漢は、何が違うのか。日本で文献を読んだり先輩に聞いたりしても、なかなか答えにたどり着けなかったので、ミャンマーに渡って高僧のスンルン大僧正を訪ねました。すると、

仏陀も阿羅漢も、さとりを開いている点では同じだが、仏陀の導きによってさとりを開いた人を阿羅漢といい、他者を阿羅漢に導くことができる人を仏陀という。

というのが、大僧正の答えでした。これを聞いて、私は「わかった！」と心の霧が晴れたのです。

そして**上座部仏教では、仏陀は釈迦牟尼、つまり仏教を開いたゴータマ・シッダールタただ一人だと考えます**。ミャンマーの仏教は上座部ですから、スンルン大僧正のような偉大な僧侶でも、阿羅漢という位置づけなのです。

上座部仏教に流れる「一つの宇宙に一人の仏陀」という世界観

後の大乗にもつながるのですが、仏教が伝承されていく過程で、神話のような世界観が

でき上がっていきました。

古代インドの人々は、この世界はいくつかのユニット（単位）に分かれており、私たちは「われわれの宇宙」というようなユニットに生きていて、また別のユニットも存在すると考えていました。

各ユニットには時間周期があり、生成→維持→消滅のサイクルを繰り返す。その一つのサイクルにつき一人の仏陀が現れて、そこに生きる人々を安楽に導いてくれる、という世界観です。ですから、私たちが生きている今サイクルの仏陀は、釈迦牟尼ただ一人というわけです。

そして私たちの世界が終わると、また次のサイクルが始まります。そのときの新しい仏陀は、有名な弥勒菩薩（みろくぼさつ）です。弥勒菩薩は、今はまだ兜率天（とそつてん）という天上の世界にいますが、私たちの世界が終わった56億７０００万年後、仏教の失われた世界に下りてきて、新しい仏教をもたらしてくれると考えられています。だから弥勒菩薩を「未来仏」というのですね。

さらに、釈迦牟尼が今の世界に登場する前には、すでに6回のサイクルがあったとされています。だから過去仏もいるのですが、終わった世界の仏陀なので今サイクルの仏陀とは関係ありません。今サイクルの仏陀は、釈迦牟尼ただ一人なのです。

当時の人々はこのような感覚で世界をとらえており、**今のユニットでたった一人の仏陀である釈迦牟尼の教えの通りにしなければ、「苦」から解脱することはできない**と考えていました。これが、上座部仏教の基本的な世界観です。

大乗仏教のポイントは、時代や環境にフィットさせること

こうした世界観が、大乗運動が起こるキーポイントとなります。

釈迦牟尼が説いた教えは、２５００年前のインドという時空間でフィットするものでした。ですから**数百年、千年と時代が下り、仏教が東南アジアやヒマラヤ、そして東アジアへと広がっていくうちに、２５００年前のインド向けの教えでは、どうしても合わなくなってきます。**

たとえば、「衣は三枚しか身につけてはいけない」という教えを実行すれば、寒さの厳しいヒマラヤでは死んでしまいます。何より異なるのが経済的価値観です。釈迦牟尼の教えは「お布施のみで生きていきなさい」です。当時のインドならそれができましたし、きっと今でも可能だと思います。でも、日本では現実的ではありませんよね。

こうなると、一つのサイクルに仏陀が一人という価値観では、さとりへの道に無理が生

じてきます。インドやその周辺の人ではないと、釈迦牟尼が言ったことを守れないのですから。

現代でも上座部地域には、「仏陀の教えは一言一句違えてはならない、それができないのであればさとりは無理だ」と言う人もいます。実際に私は、ミャンマーである僧侶にミャンマーと日本の違いを話して「現代日本の環境では仏陀の言った通りにはどうしてもできないのですが、どうしたらいいと思いますか」と聞いたら、「諦めなさい。来世でそれができる場所に生まれるように功徳を積みなさい」と言われました。でも、ちょっとひどくないですか？　釈迦牟尼の教えは、そんなに小さなものではないはずです。

釈迦牟尼の教えをそのまま実行できなくなった状況に、当時の仏教の先人たちは智慧を巡らせ、解脱の本質とは何なのかを考えました。

釈迦牟尼は実在した人物ですから、生まれた瞬間から仏陀だったわけではありません。普通の人間として生まれて、修行を積んだ結果、何かをさとって導き手となった。ということは、そのさとった「何か」を得ることができれば、釈迦牟尼以外の人間が仏陀になることもあり得るのではないか。

「仏陀＝導き手、阿羅漢＝導かれて『苦』からの解脱を成し遂げた人」という構図であるならば、何も一つのユニットに仏陀は一人と決めなくてもいいのではないか、仏陀は釈迦

牟尼に限定しなくていいのではないかと考えたのです。

ここから、「別ユニットから導きに来てくれる仏陀がいてもいいいんじゃないか」という考えに発展し、のちに西方の極楽浄土というユニットからやってくる阿弥陀如来や、東方の瑠璃光浄土というユニットからやってくる薬師如来の概念を生みました。そうして「さまざまな仏陀」が想定されるようになると、解脱の方法も釈迦牟尼が説いたもの以外にもあるのではないか、となりますよね。

いろんな仏陀がいて、いろんな解脱がある。この発想が、大乗仏教につながっていったのです。

なお、ここでは論点を明確にするため、「『苦』からの脱却を成し遂げた阿羅漢のさとり」を「解脱」と表現し、「他者を阿羅漢へと導くことができるようになった仏陀の境地」を「さとり」と表現しています。

「さまざまな仏陀」から仏教の最新バージョンが生まれてきた

さまざまな仏陀や解脱の方法が見いだされた中でも、究極的なのが弘法大師の「即身成仏」という概念です。密教は仏陀やさとりの解釈の幅を広く取り、「身に即して仏に成る」の文字通り、「あなた自身があなたのやり方で、誰かの導き手となって解脱に導くことができれば、仏陀である」と考えました。

「仏陀は釈迦牟尼ただ一人」から「釈迦牟尼以外の仏陀がいてもいいのではないか」となり、究極的には「自分自身が仏陀になることもあり得る」という考えに至った。言ってみれば、密教は、仏教の最新バージョンなのです。

自分に即した仏陀となるための修行をおこなうので、無数の仏陀、無数のさとり方、無数の「苦」からの逃れ方が存在するという発想です。だから曼荼羅のような、ネットワークが無数に広がっていくシンボルを使います。

そうした大乗仏教の何よりの突破口になったのは、釈迦牟尼が**「私の前にもさとった方がいたし、私の後にも仏陀はいるだろう」**という言葉を残したことでした。もし「さとったのは私以外、空前絶後である」と言ったのであれば、大乗仏教が生まれる余地はなかったかもしれません。

でも、そうではなかった。ここが、仏教が希望の教えたるゆえんであり、釈迦牟尼の優しさであるように私は感じています。

仏陀は、いわばインストラクター

解脱のための方法にバリエーションがある、ということは、それぞれの仏陀の教え方や姿も異なります。仏陀というと何かとても神聖な感じがしますが、要はインストラクターのようなものです。

たとえば、クロールを教えてくれるインストラクターを想像してください。**インストラクターが世界にたった一人しかいないということはないし、すべての先生の教え方がまったく同じわけではありません。**

いろんなインストラクターが、生徒の特性や理解度に合わせて、いろんな教え方をしてくれる。同じクロールを習うにしても、先生によって教え方は変わりますよね。それでも、クロールといえばだいたい似たようなフォームの泳ぎ方が完成するわけです。

そのため大乗仏教では、さとりに至るためのいろいろな修行法が編み出されました。自分がクロールを泳げるようになれば、他の人にも教えられるかもしれないと思うでしょう？　それと同じで、釈迦牟尼が普通の人間から仏陀になったということは、そのさとった「何か」があるはず。その本質を得ることができれば、自分もさとれるし、他者を解脱に導くこともできるだろうと考えたのです。

たとえば密教では、その「さとるべき何か」を表す際に、言語だと表しきれないので大日如来（マハーヴァイローチャナ＝超越的光）と名づけて仏陀の姿で表現しますし、浄土宗や浄土真宗では自分自身で解脱の本質を追究するよりも、別のユニットから導きに来てくれた阿弥陀如来の名前を何度も唱えれば、必ず救われるという信仰をします。

国内の寺院や仏教をテーマにした博物館展示に行くと、阿弥陀如来や大日如来、観音菩薩や明王など、さまざまな仏像を見ることができます。「仏像の種類がいっぱいあるのは、何なんだろう？」と不思議に思っていた方もいらっしゃるかもしれません。これこそ大乗仏教ならではの特徴で、さとりに至る方法が多種多様であることを示しています。

ですから、東南アジアなど「仏陀は釈迦牟尼ただ一人」とする上座部仏教の地域で見かける仏像は、基本的にはすべて釈迦牟尼の像です。

余談になりますが、仏様が寝転がっている寝釈迦（ねしゃか）と呼ばれる仏像が顕著に見られるのは上座部圏です。日本でもいくつか見られますが、その数は多くありません。しかもおもしろいことに、寝釈迦にも二種類あって、一つはご存じのように釈迦牟尼が亡くなる様子を表した涅槃（ねはん）、もう一つは単にお昼寝をしているだけなんだそうです。私には二つの見分けがつかないのですが、ミャンマーの僧侶からそれを聞いたときは「お昼寝⁉」と思わず笑ってしまいました。

このように、大乗と上座部の違いやその背景を知っておくと、日本の文化がよりクリアに見えてくるのではないでしょうか。

PART 14

【諸行無常】

［しょーぎょうーむーじょう］

あらゆるものごとは無常である。万物は常に変転してやむことがないということ。状態も意味も変化する。永遠に変わらないものはないということ。仏教の根本思想である「因果」「縁起」の法則が導く真理。日本文学で扱われる際にはインド仏教の論理とは異なり、消滅することへの詠嘆の意味だけでとらえられる傾向がある。諸行とは、形成されたもの、すべての存在の意味。

日本とインド仏教の「諸行無常」は大きく異なる

諸行無常という言葉が多くの人にとってなじみ深いのは、言うまでもなく『平家物語』の影響でしょう。祇園精舎の鐘の声、諸行無常の響きあり――。琵琶法師がべベンベン、と琵琶を爪弾きながら無常を唄う。**このイメージが、諸行無常が日本で正しく理解されない最たる理由**だと私は思っています。

ひとことで言うと、**平家物語から想起される諸行無常は「エモい」。これが日本人の持つ心象世界とぴったり合う**のです。桜は散り際こそ美しい。紅葉は燃えるように山を彩った後、散って川面を錦のように染めて流れ去り、山は静かに枯れてゆく。このように万物が移り変わる様子は「ああ、切なくて美しいな……」と感じます。

これも間違いではないのですが、本来の仏教哲学でいう諸行無常はそんな話ではなく、理性的な思考法であり、可能性を拓く哲学なのです。

詳しくは第3部でお話ししますが、諸行無常に限らず、仏教がインドから中国を経て日本に伝わる過程で意味が変容し、日本的な性格を帯びた教えは少なくありません。

私はかつて、山伏[01]の方と修行をご一緒したことがあります。山伏が信仰する修験道は、日本の土着信仰と仏教が結びついたものですので、その方はとても日本的な価値観を持っ

01 山伏
山中で修行をする修験道の行者。日本各地の霊山と呼ばれる山々を登り、厳しい苦行をおこなって山岳が持つ自然の霊力を身につけることを目的とする。

た方でした。私は〝ザ・インド仏教派〟ですから、修行を共にするうちに話が合わなくなり、ちょっとした言い合いになってしまったんです。

そのとき彼が放ったのが「あなたは日本人のくせに、インド的すぎるんだ！」というひとことでした。いや、仏教なんだからインド的でよくないですか？　と心の中でつっこんだのは、ここだけの話です。

このときは言い合いになってしまいましたが、この山伏の先達は素晴らしい修行者で、私はこの方からたくさんのことを教わり、今も尊敬していることを申し添えておきます。

良いことも悪いことも、永遠には続かない

PART10で、認識力を持ったすべての存在は、生きている時点で「苦」の種のようなものを持っているとお話ししました▽P.137。自分の行いによっては、その「苦」の種が実際の苦しみとして成就してしまうこともある。この「苦」の成就から逃れようとするのが仏教の目的であることは、ご理解いただいていると思います。

ここで、もし世界が「諸行無常ではない」としたらどうなるか考えてみましょう。ものごとが移り変わらないので、あらゆる苦しみは絶対性を持つことになります。「苦」が発

生すると同時に固定されてしまう。つまり、たまたま恵まれない境遇に生まれたら、そこから逃れることができないということです。これでは、あまりに救いがなさすぎます。

それを「そうではないよ」と説くのが諸行無常です。**あらゆるものは相対的で、因果・縁起によって移り変わっていく。**いま私たちの目の前に現れている状態は、ものごとの関係性が仮の実存として見えているだけにすぎません。

その関係性のネットワークは無限に広がっているので、どこか一端が変化すれば、ネットワーク全体に影響が及んで常に状態が移り変わっていく。**どんな一点、どんな一瞬さえも、それを固定し絶対化することは不可能である。**

これが、諸行無常の本来の意味です。**どんなに苦しいことが起こっても、そこに絶対性はないのだから、抜け出す道はあると諭してくれる救済の教え**なのです。

「苦」の反対概念である「楽」についても同じことがいえます。「楽」の状態、つまり何かいいことがあったら、それが永遠に続いてほしいと思うのが人間です。このとき、諸行無常の教えを受け入れずに今の状態を絶対視してしまうと、それが失われたときに「苦」が結実してしまいます。

PART8で扱った「バズらせたい気持ち」で考えてみましょう。流行り廃りという言葉があるように、ある時点で「とても格好いい」と感じるものも、時代や状況によって

「すごくダサい」ものに変化するケースはじゅうぶんあり得ます。

「その時」が良かったからといって、状況が変化することを考えないと、自分の言動が思わぬ落とし穴となる場合もあります。たとえ無意識だったとしても、何かを「不変のもの」ととらえた途端に、「苦」が発生する原因を作ってしまう。

諸行無常は「そうした考えに陥ってはいけない」と私たちに教えてくれるのです。

日本人の多くは、咲き誇った桜がはらはらと散っていく様子に「ああ、ものごとが移り変わっていくのは美しい」と諸行無常を感じます。寂寞感が身に迫ってくるようですね。ところが何年か後に、その桜の木が切られてしまいました。すると多くの人は「きれいに咲いていた桜の木を切るなんて！」と、憤りを感じるのではないでしょうか。

しかしこれこそが、諸行無常なのです。桜の木がそこに植わっていることに、絶対性はありません。ものごとは常に移り変わりますから「素晴らしい、諸行無常だ。これが日本の美だ」と思っていた風景も、見られなくなることもあり得るのです。

ここまでの話で、一般に広がっている諸行無常のイメージと、本来の仏教用語としての意味の違いをおわかりいただけたでしょうか。本当は『平家物語』も、釈迦牟尼でさえも絶対性を持っておらず、変化の中で肉体が失われるさまを唄っているのですが、どうもエモーショナルに受け取られてしまっています。

文化という点で見れば、散る桜に美しさを見いだす日本人の感性は素晴らしく、世界に誇るべきものです。私も日本人ですから、そうした感覚は大好きです。ただ仏教を学ぶ際には、一般的なイメージとの切り分けが必要であることを理解してください。

日本的な美の感覚にとらわれすぎると、かえって「苦」を生み出すことになりかねませんから、そこはメタ認知で一歩引いたところから見ていきたいものです。

さとりに近づくための四念処（しねんじょ）

苦しみの中にいる人に救いをもたらし、いま恵まれた立場にいる人を戒める意味のある諸行無常は、仏教の根本的な部分に関わっています。

PART10でお話しした、四聖諦▽P.132を思い出してください。仏教の根本である「苦・集・滅・道」という4つの真理です。「苦」の種のようなものを実際の「苦」として成就させないための方法が「道」ですが、その具体的な8つの方法を「八正道（はっしょうどう）」といいます。このうち**7番目、心に正しく念ずるべき「正念（しょうねん）」は、「四念処（しねんじょ）」といわれる4つの観想法（心に思い浮かべること）を実践すること**です。

1 【常】すべてのものに恒常性、絶対性があるという思い込みから離れなさい。今までお話してきた通り、あらゆるものごとに絶対性がある、移り変わることはないという認識をやめなさい、という意味です。

2 【楽】すべてのものを「楽」だと見ることから離れなさい。日本では『水戸黄門』の影響で「人生、楽ありゃ苦もあるさ」ととらえられがちですが、仏教はもう少しシリアスに考えます。「楽」を自明のものと考え、執着するのをやめなさいという意味です。

3 【我】すべてのものに、「アートマン」が備わっているという考えから離れなさい。アートマンとは、物やことがらに備わる絶対的な本質のようなものです。「私」には、「これが私だ」と思うような本質的なものがある、という思い込みをやめなさいということです。

4 【浄】あらゆるものは清らかである（自分にとって好ましいものである）という考えから離れなさい。もともとは身体が「苦」の発生源であるという概念から、すべてのものが清らか（自分にとって好ましい状態）だという考えは、執着につながるので良くないということです。

四念処の構造

四聖諦	八正道	四念処
苦	正見	
集	正思惟	
滅	正語	
道	正業	
	正命	
	正精進	
	正念	常
		楽
		我
		浄
	正定	

常楽我浄（じょうらくがじょう）は、ものごとが「常」であると思うこと、「楽」だと思うこと、本質があると思うこと、清らかだと思うことをやめなさい、という教えです。諸行無常は、まさにこの4つを統合して表していると思いませんか？

このようにお話しすると、「仏教は『楽』を望んではいけない虚無的な教えなのか」と誤解されることがあるのですが、そうではありません。仏教はよりよく生きるためのものですから、いいことがあって心がハッピーになれば、全力でその喜びを享受してください。それを否定したら、生きている意味がなくなってしまいますから。

ただ、**その喜びが永遠に続いてほしいとい**

うのは100パーセント叶わない願いです。それを求めると「苦」が発生してしまうから、やめなさいというわけです。

「今はとてもハッピーだけど、この喜びもいつかは失われていくんだろうな……。寂しいけれど、その移り変わりもまた美しい」と、そこは日本流に「エモく」考えるといいかもしれませんね。

仏教は、世界の哲学や宗教の中でも「変わり者」

ものごとに絶対性を認めないのは、仏教の大きな特徴です。ヒンドゥー教やその前身のバラモン教、ジャイナ教やシク教といったインドの思想体系と比べても、アートマンを否定する点は飛びぬけて変わっています。西洋のキリスト教や日本の土着信仰である神道も、「神様はいる」という前提で語られますよね。

仏教では、仏陀のような尊い存在さえも、現象として観測されることは認めるけれども、本質の部分で絶対性を徹底的に否定します。**仏陀も神様も、その本質はすべて「空」であると考えるからです。すべては同じ「空」から立ち現れる点では平等であり、私たちにも縁起の作用が整えば、仏陀になり得るという論理**です。

これは仏教の、他の哲学と比べてきわめて特異なところです。もしキリスト教で「私は神になり得ます」なんて言ったら、昔だったら火あぶりの刑でしょうから。

特異であると同時に、ここが素晴らしいところだと私は思います。根源的なレベルでは、すべては「空」で平等である。絶対的な何かを前提としないからこそ、**自分の言動（因果・縁起）によって人生をポジティブに変えられる仏教は、けっして悲観的・厭世的なものではなく、自由の教え、解放の哲学なのです。**

PART 15

【利他】

［りた］

〈利他〉

他者に利益を与えること。他人を導くこと。衆生を救うことをいう。「自利」の対義語。大乗仏教では自利と利他の両者を備え、一致させることを理想とする。


〈自利〉

自分にとっての利益。自らを利すること。


〈自利利他〉

自ら利益を得て、他人にも利益を与えること。自分が幸せになると同時に他人を幸せにすること。自らの修行により得た功徳で、他者のためにも利益を図ること。ビジネス分野では企業の社会的責任（ＣＳＲ）やポスト資本主義の文脈で使われることがある。

利他のために、まず「私」を考える

現代でもよく使われる「利他」という言葉を仏教的な意味で理解するには、仏教の基礎的な世界観を把握しておく必要があります。

まず、仏教で利他を考えるときには「私」を起点とします。他者の利益を考えるのになぜ「私」目線なのかと、不思議に思う方もいるかもしれません。

しかし、思い出してください。すべてのものごとは、自分の認識によってのみ成り立っているのでしたね（唯識）。「あの人にとって、私はこういう存在だ」と思ったとしても、その認識は「私」のもので、他者の認識は推量することしかできません。

しかも万物の本質は「空」であり、あらゆるものは縁起であって、目の前の現象は因果関係の結果として、自分の心というスクリーンに映写された像のようなもの（中観）。その像に、「私」が自分の認識で意味づけをしているのです。

つまり**言葉で「利他」「他者」といっても、その認識は自分の中にしかありません。だから利他を考えるには、起点を「私」にしなければいけない**のです。

では、その「私」とは何なのでしょうか。ＰＡＲＴ２でお話ししたように、「私」の存

唯識論

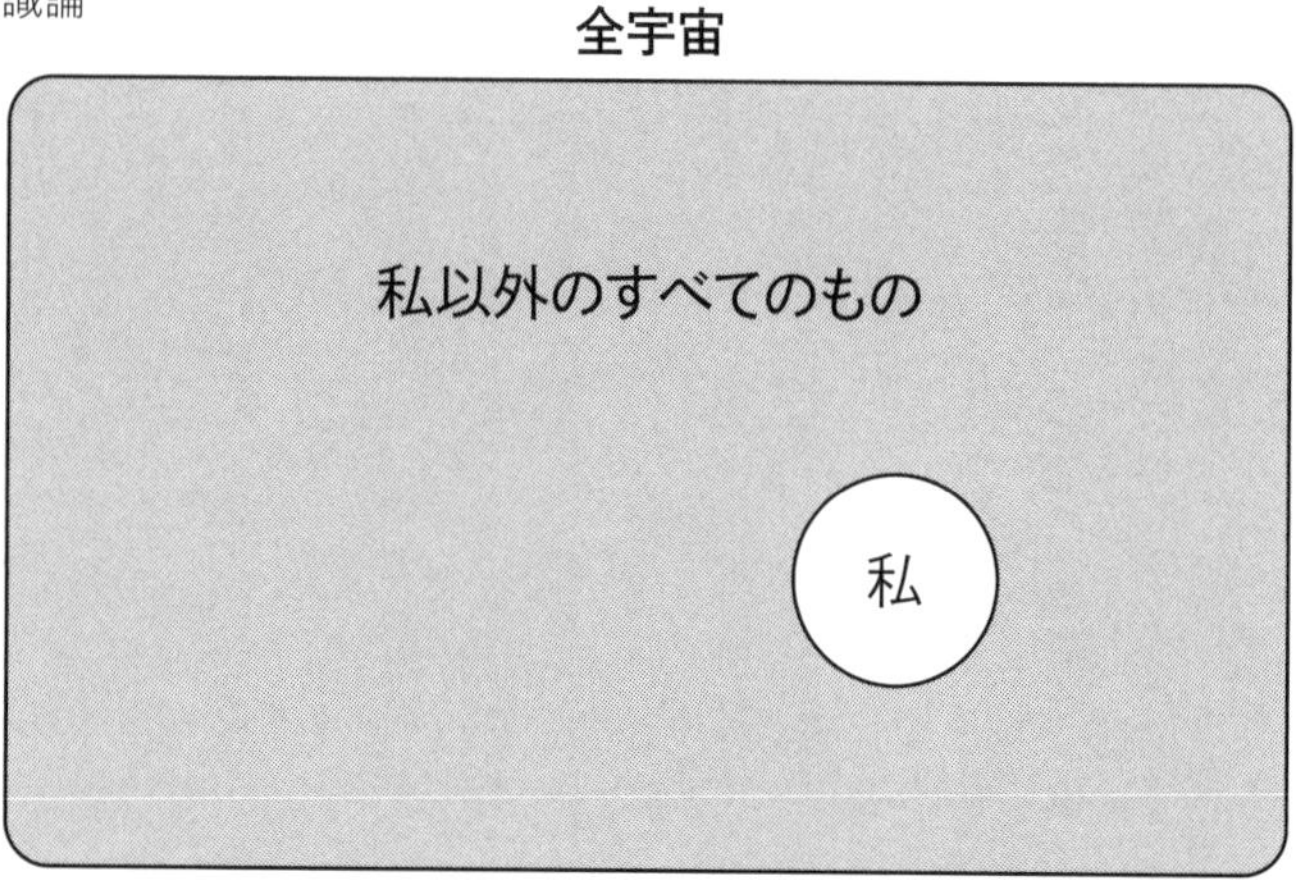

全宇宙

私以外のすべてのもの

私

在は他者があって初めて成立します。なぜなら、全宇宙に自分しかいなければ「私」は認識されないし、そもそも「私」の概念も必要ないからです▽P.035。

この時点で、**【私＝「私以外のすべてのもの」ではないもの】**という等式が成り立ちます。

仏教は関係性の哲学です。あらゆるものは、因果関係・相対関係がなければ「空」からこの世界に現出することができません。「私」も、自分以外の他者との関係があるからこそ特定されるのです。

すなわち**「私」を含めたあらゆる存在は、それ以外のすべてのものに担保される事実がある。**「私」と他者は、相互依存関係にあるのです。このように考えると、先ほどの等式から一歩進んで**【私＝私以外のすべてのもの**

（他者）】ということができます。

なんだか不思議な等式が出てきましたが、この等式は「釈迦牟尼が『こうだ』と言ったから」という宗教的な〝教え〟ではなく、論理を積み上げた結果として導かれた、客観的な一つの視座であるということが、おわかりいただけたと思います。

自己犠牲は利他ではない

この等式を前提に、もう少し現実的なレベルで考えてみましょう。

すべての生命は「より良く」「有利に」生きようとします。これは、理屈ではなく根源的に備わっている本能のようなもので、生まれた瞬間に「ああ死にたい」と思う命はないはずですよね。人間であれば、幸せを求め、苦痛から離れようとします。根源的な本能ですから、**「私」も他者も、誰もが幸せになりたいという欲求を持っている**ことになります。

ここで、先ほどの等式を思い出してください。【私＝私以外のすべてのもの】とイコールで結ばれているので、**「私」の幸せのための行為は他者の幸せにもなるし、他者の幸せは「私」の幸せにもつながります。**

利他的な発想や行為が良しとされるのは、この論理があるからです。大乗仏教は、自利と利他が両立した状態「自利と利他の一致」を理想としています。

ですから実は、**日本で美徳とされがちな自己犠牲や滅私奉公の精神は、本来の仏教的な意味では利他といえません。**なぜなら、**自分が犠牲になったら、自分とイコールでつながる他者も犠牲になってしまうから**です。仮に自己犠牲による利他が成立しているように見えても、それは一時的な場合で、長期的にはバランスが崩れてしまいます。

反対に、他者を犠牲にして自分の利益だけを考える我利我利亡者▽P.102も、論理的にあり得ません。

自分が幸せになりたいのであれば、自分とイコールでつながっているすべての他者の幸せを考え、その実現のために判断・行動する。これが、大乗仏教における利他の真理です。

小さな虫を弾き飛ばしてはいけない理由

このように話すと「では、自分と他者を区別せずに考えるのですか？」という質問をいただくことがありますが、区別すべきかどうかは場合によって異なります。

仏教では、さとりの境地やその真理を「勝義諦（しょうぎたい）」、世俗一般の世界やその真理・真実を「世俗諦（せぞくたい）」といいます。しかし耳慣れない言葉なので便宜上、本書では西洋哲学の形而上、形而下という言葉を使います▽P.144。厳密に一致しているわけではありませんが、**おおむね「勝義諦≒形而上」「世俗諦≒形而下」として差しつかえないでしょう。**

形而上世界（さとりの世界）と形而下世界（私たちが生きる現実世界）は一緒にしてはならず、分けて考える必要があります。

まず、形而上世界はさとりの境地であり、「空」の世界ですから、先ほどお話した通り「私」と「私以外のもの」に区別はありません。すべてのものは関係性で成り立っており絶えず変化していくので、自分以外の他者が消滅すると、自分も成り立たなくなります。自分と他者に本質的な区別を見いだすことはできない、「あれ」と「これ」が違わない、というのが、形而上の真理です。

一方、私たちが実際に生きている形而下世界においては、私とあなた、コップとマイクなどと、それぞれの存在が物質レベルで区別されますね。

形而上では区別しないけれど、形而下では区別する。このように**形而下と形而上は分けて考える必要があるのですが、両者は別個に存在しているのではなく、互いに矛盾しつつ、それでいてぴったり一致しています。**目の前のものは、形而上（空）を本質とし、因果関係の作用の一つの現れとして形而下に存在するのであって、形而上の真理の現れでもあるからです。

それゆえに**仏教では、形而上でも形而下でも、そこにあるものに価値の優劣はないと考えます。**

ですから、ときどき耳にする「この世は虚像の世界だから意味がないんだ」「真理が『空』なのであれば、私たちが生きる形而下世界には価値がない」というような言説は、正しくありません。

たしかに「私」は、目の前にいる牛やカマキリとは別の存在です。しかし本質は「空」で区別されないこと、そしてその価値に優劣がないことを合わせて考えると、「ただの虫けらだ」と指で弾き飛ばすなどの行為は、やはり慎むべきでしょう。「触角を抜いたらどうなるんだろう」と興味本位でいたずらをしてしまった子ども時代を、今は深く反省しています。

たとえ小さな生き物でも、自分と同じように「より良く生きる」という本能を持っており、その本質（空）は自分と平等なのだ。私たちに問われるのは、この認識を持って他者に向き合えるかどうかではないでしょうか。

しかも、**他者と向き合っている自分も「空」であり変化するので、そのときどきの状況や環境、他者との関係に応じて、何をすべきかを判断しなくてはいけません。**

このあたりが、仏教の厳しいところだと感じます。唯一絶対の神がいる宗教であれば、「神様が言ったこと」を絶対的な行動基準にすればいいでしょう。しかし仏教はそうではなく「あなたが自分の責任で判断し、行動しなさい」と言うのですから、厳しいですよね。けれども、まぎれもない真理でもあります。

そのときに正しい判断ができるよう、私たちは智慧をつけなければいけません。先人が積み上げてきた知の体系や身体を使った修行は、そのためにあるのです。

「空」の思想は争いを回避するヒントになる

現代の日本で利他といえば「利他的な振る舞いをすれば、回りまわってメリットが自分にも返ってくる」といったところでしょうか。「情けは人のためならず」ということわざもあります。資本主義社会における即物的な考え方のように思うかもしれませんが、仏教的な意味の利他とも、おおむね同じように使われていると私は感じます。

これは、弘法大師がもたらした密教の曼荼羅で説明することができます▽P.056。曼茶羅を再度、ごく簡単に説明すると、すべてのものは関係性のネットワークで成り立ち、「私」という認識主体がそれを認識していることを示す模式図のようなものです。万物の根源的な本質はネットワークそのものであり、それは常に揺れ動いていると考えます。

この論理に基づくと、**「私」も他者もネットワークの一部で、大きな構造体を構成する結節点の一つ**だと考えることができます。ということは、他者という結節点にポジティブな働きかけをすれば、その影響はネットワーク全体に及び、同じネットワークの結節点の一つである自分にもポジティブな影響があるというわけです。

これは、「利他的な振る舞いをすれば、回りまわってメリットが自分にも返ってくる」という現代の一般的な使い方とよく似ていますね。

ただ、それをあまりにもツール的にとらえて自分の利益を目的にしすぎると、「自利と利他の一致」ではなく、自利が勝ってしまいます。すると全体のバランスが崩れたときに、かえって自分に悪影響が及ぶことにもなりかねないので、気をつけたいところです。

一例を挙げると、日本では多くの企業が商品を売るために「消費者も喜ぶだろう」と価格の安さを追求した結果、社会全体の給与が下がってしまう現象が起きていますね。消費者が安く買えて商品も売れるのは、一見すると自利と利他の一致のようですが、自分も他者も同じネットワークの一部であるという視点が抜け落ちてしまっています。

「私」も他者も同じネットワークの住民である。もっといえば、ネットワークそのものが「私」であり、他者でもある。このような認識を持ち、自利と利他を同じものとして考え行動することが、結局のところ、リスクを最も低く抑えられると思うのです。

それに、**自分と他者を切り離した考え方は、究極的には争いを生んでしまいます**。なぜなら、形而下世界に生きる私たちは、時空間を共有することができないからです。ある人が座っている場所に自分も座りたければ「どいて」と言うしかありませんよね。

そのとき、自分も他者も本質は平等だという「空」の真理を思い出せば、争いを回避し、何とか折り合いをつける方向に向かえるのではないでしょうか。

欧米の寄付文化を仏教的に見ると

余談になりますが、欧米、とくにアメリカでは寄付文化が顕著ですよね。経済的に恵まれた人が寄付をすることが、ある意味で社会的義務のようなカルチャーがあります。

もちろん彼らの行動原理は、仏教ではないものに基づくでしょうから、その心理を私が語ることはできません。ただ寄付という行為そのものを見ると、これも仏教の利他とよく似ていると感じます。**富を持つ人がその一部を、それがなくて困っている人に向けて放出**

する行為は、彼らが自身を（無意識のうちに）ネットワークの一部だと考えているると思うからです。

悲しいことですが、犯罪やテロ行為は、犯人の貧困が遠因になっていることがあります。その社会に生きる人々にとって、犯罪の発生はハッピーではありませんから、お金や力を持つ人が、その一部を社会に分けることで偏りを減らそうとするのは、彼ら自身を含めたネットワーク（社会）全体にとってプラスになることです。

洋の東西を問わず、（自己犠牲ではない）利他的な行為は、ネットワーク全体を少しでもポジティブにするものだということでしょう。

私たちは「より良く生きたい」という本能を持った生物ですから、自分の利益を考えること自体が悪いわけではありません。大切なのはその際に、自分は他者と切り離せない存在であり、大きなネットワークの一部である事実を忘れないことです。

PART 16

【さとり・修行】

［さとり・しゅぎょう］

〈悟り、覚り〉
真理に目覚めること。また、その自覚的内容をいう。真理を知り、迷いのない境地に至ること。真実の智慧。直観。直覚。

〈修行〉
仏道を修めること。さとりに至るための実践、おこない。難行、苦行をすること。

「修行」という言葉、その仏教的な意味は？

第2部の最後のテーマは「さとり・修行」です。ここまでに何度も「さとり」という言葉が登場しましたが、改めて本PARTで説明したいと思います。

まず仏教が存在する意義は、私たちが苦しみを離れ、より良く生きるためです。生きている限り、すべてのものに備わる「苦」の種のようなものを消すことはできません。しかし、その種が芽吹いて、リアルな苦しみとして結実しないようにすることは可能だと考えます。「苦」の種を実らせようとする因果関係を、カットすればいいのでしたね▽P.138。**仏教で「さとり」を目指すのは、いま言ったような、苦しみを結実させない心の使い方を可能にするためです。そして、さとりを開くために修行をおこなう。**

仏教における「さとり」と「修行」はこのような関係であることを、はじめに理解してください。

ところで今回も、諸行無常のときと同じように、日常生活で「エモく」使われる言葉の意味と、仏教的な意味との切り分けをしておきましょう。

武道にせよ料理にせよ、それぞれの道には「修行」があります。そこから派生して

「君、人生のすべてが修行だよ」とか「ゴルフに行くのも修行だよ」などと、人生の先輩に言われることはありませんか。

このように日常生活で慣用句的に使うのは問題ありませんが、**仏教的な意味での修行とは、それが抜苦与楽**▽P.101**につながるものでなくてはいけません。**その抜苦与楽というのも「ゴルフをして楽しかった」というレベルの「楽」ではなく、「苦」の種が実るのをシャットアウトすることにつながらなければいけないのです。

仮に、ゴルフに行くことで「苦」の種が成就しないための心の訓練になるのなら、それも修行といえますが……。ほとんどの場合、そうではないですよね。

また、お金を払って「一日修行体験」として滝行や坐禅を体験するサービスもありますが、これを受けて「俺、修行してきたわ！」というのも、ただフォーマットにはまることをしたというだけで、本質的な意味での修行とはいえません。

もちろん、仏教の入り口を知り、体験として楽しむ意味では差しつかえないのですが。

結局、「さとり」とは何か

では、修行のゴールである「さとりを開いた」状態とは、どういうものなのでしょうか。

それは、**自己コントロールによって因果関係を正しく認識し、因果関係がもたらす「苦」の成就を、いつどんな状況でも完全にシャットアウトし、「楽」を享受できる心の使い方ができるようになること**です。

仏教では、自分も他者も本質は「空」で絶対性を持たず、すべてはネットワークの一部であると考えるのでした。この**空なる性質（空性）を、理屈や言葉のレベルでなく、目の前にあるペンを見たときに「これは空性だ」「当然そうだよね」と直観的なレベルで納得できる状態であることが、さとりを開いた状態**であるともいえます。そして、このような状態を目指すために修行がフォーマット化されているのです。

この、空性を「当然そうだよね」と直観できる知性を、通常の知性を超越した知性という意味のサンスクリット語で「プラジュニャー」といいます。『般若心経』の般若は、このプラジュニャーの音を漢字にあてたものです。

そして、さとりを開いた状態には二種類ありましたね▽P.174。仏陀の教えによって自分自身がさとりの境地に至った「阿羅漢」と、自分がその状態にありながらもさらに、まださとりに至っていない人をさとりに導く「仏陀」です。

仏陀を釈迦牟尼ただ一人と考える上座部仏教は阿羅漢になることを目指し、仏陀が複数いてもよいと考える大乗仏教では、いまだ苦に悩む衆生を救う仏陀になることを目指します。

さとりにはいくつもの段階があり、**100パーセント完全にさとった状態を「大悟(たいご)」といいます**。どんな状況でも、「苦」の種がどんなものであっても、それが実らないように遮断できる状態が大悟です。

大悟に至るのはそう簡単ではありませんが、その前段階として**「これは以前に同じことを経験したから、どうすれば苦しみを回避できるか知っている」という部分的なさとり「小悟(しょうご)」を獲得することは往々にしてあり得ます**。その小悟を繰り返し積み重ねることで、ステップを踏みながら大悟に近づくという解釈です。

たとえば、何か気に入らない状況があると怒鳴る人がいたとしましょう。すると十中八九、もっと悪い結果を招きますよね。「これはよくない」と学習し、次に同じような状況があってもグッとこらえて、原因となった相手と冷静に話し合うことで以前よりも「苦」の程度が軽くなったのであれば、それはその人にとって小悟といえるでしょう。

このように、日常生活の中で小悟を積み重ねるのも尊いことですが、すでに2500年前に世界の真理を体系化・論理化したのが仏教です。釈迦牟尼が築いた型をベースに、現代に至るまでの間に数多くの祖師たちが積み上げてきた巨大な体系があります。

それに則って作られた「修行」がせっかくあるのですから、それを使えば、自分がまだ経験していないことであっても「苦」の種が実るのを回避できるだろう。こう考えるのが、さとりに対する修行の位置づけなのです。

「私は滝かもしれない」と感じた修行時代のこと

さとりと修行について把握したところで、さとりに近づく本質的な修行とはどういうものなのかを考えてみましょう。

さとりを開いた状態では、空性を「当然そうだよね」というレベルで直観できると言いました。私は修行の途上ですので、そうした大悟にはまだ至っていません。しかし、その前提知識を持って滝行をしたときに「あ、これを感じろと言っているのかもしれない」という感覚は体験したことがあります。

私が滝行をおこなったのは、日光の山奥にある巨大な滝です。夏だったにもかかわらず水はとても冷たく、水量がものすごい。水は1ccで1グラムありますから、滝に入れば、自分の上に何百キログラムという重さがのしかかります。「下手をすれば死んでしまうかもしれない」と恐怖を感じました。

いざとなれば仲間が助けてくれるだろう、と意を決して滝に入っていくと案の定、水の圧力でぶっ飛ばされそうになりました。目も開けていられないし、息をするのさえ難しい。滝は轟音というより爆音で、まるでジェットエンジンの内部に入ったようです。その中でお経を唱えなければいけません。

そんな極限の状況で1分、3分、5分……と経つうちに、何だかもう、わけがわからなくなってきます。平衡感覚を失って上下左右がよくわからず、意識ももうろうとしてくる。それでも一心に読経を続けていると、ふと、自分の身体がなくなったような感じを味わったのです。

行を始める前に、滝を不動明王に見立てて「不動明王の身体の中に入るつもりで」と指導されたのですが、まさに自分が滝なのか、滝が私なのか、私が不動明王なのか不動明王が私なのか、よくわからないというか、**滝と一体になったような感覚がありました**。

すると滝から出た後、入る前とはどこか違う感覚になっているのです。自分自身に絶対性を認識しにくく、「あの山も、川も、目に映るものすべてが私かもしれない……」というような心地です。

言ってしまえば、精神がやや異常な状態になっていたのでしょう。けれど、知識として知ったことが修行で体感されるのだとわかったことは、とても貴重な体験でした。

仏教の論理だけを学んで「苦しみを実らせない方法がわかった！」と思っても、やはりいざとなると、誰かの言動に傷ついたり怒ったりしてしまうものです。**その論理を、修行を通じて身体から「そうだよね」と納得する経験を繰り返し、初めて自分自身が論理に染まっていき、プラジュニャーに近づく**のでしょう。

大悟への道は、その小さな「そうだよね」を積み上げていくことでしか達成できないのではないかと思います。この視点を持っていれば、洗い物や普段の人づきあいのような、当たり前の日常生活の一つ一つも修行になりえます。

一発でさとりの境地に達するような魔法の鍵は、きっとないはずです。私もまだほど遠いので、これからも精進したいところです。

論理を学ばずに修行だけをしてしまうと……

論理だけではだめで、身体を通じた修行が必要だと言いましたが、それと同時に、修行だけでもだめなのです。**論理を学んでいるからこそ、何かを体験したときに「あ、これは○○で言っていたことだな」とキャッチできます。知識と体験が互いに裏づけをし合う**のですね。

PART3でも述べたように、仏教には完成させるべき三つの智慧として三慧（聞・思・修）があります。

まず「聞」で知識をたくさんインプットし、「思」でインプットしたものを自分自身で考え、納得する。ここが「神様の言うことを信じなさい」という一神教と異なるところで、釈迦牟尼は「私が説いたことであっても、自分で考えて納得できないなら信じるな」と言っています。そして納得したことを自分の存在のすべてを使って確認・会得し、その真理を働き出させることが「修」です。

論理が不十分な状態で修行をおこなうと、さとりの片鱗のような感覚をキャッチできないだけでなく、かえって修行者のエゴが強化されてしまう危険性があります。「俺はこんなハードなことをやったんだ」「お前たちとは違うぞ」と鼻っ柱が強くなり、争いを生んでしまいかねません。

あるいは「何か」を体験したときに「これは神秘だ！　神の奇跡だ！」と理解してしまって、いわゆる「オカルト」の信仰に走ってしまう人もいます。

修行としては完全に失敗ですが、残念ながら、実際にそういう人はときどき見受けられます。だからこそ、聞・思・修の三つをトータルで学ぶことが重要なのです。

たとえ「聞」の段階で理解できないことがあっても、「思」「修」に進んで学ぶ中で納得できる場合もあります。とことん「修」をおこなったうえで納得できなければ、釈迦牟尼の教えを信じなければいいのですから、いったん先人の言うことを受け入れる姿勢も大切だと思います。

まずはたくさんインプットする。それを自分で考察し、納得する。そのうえで真理を体感し、働き出させる。このサイクルが回ってこそ、さとりの境地に達することができるのです。

修行のさまざまなバリエーション

仏教の修行といえば、先ほど例に出した滝行と並んで、座っておこなう瞑想（坐禅）をイメージすると思います。**瞑想にはさまざまな種類がありますが、その根本は呼吸を観察することで、上座部、大乗ともに共通**しています。

『大安般守意経（だいあんぱんしゅいきょう）』では、釈迦牟尼が呼吸法を説いたとされています。息を吐いているときも吸っているときも、その呼吸を観察する。もちろん目的は呼吸の観察そのものではなく、それを入り口として観察力や知覚を研ぎ澄ませていきます。それによって、自分の存在に絶対性がないことを身体で納得するのです。

これがヴィパッサナー瞑想の基礎となり、現代人にも注目されているマインドフルネスにつながっていきます。

大乗仏教では、瞑想の範囲を潜在意識の領域まで広げるため、さらにテクニカルになります。研ぎ澄まされた認識力でプラジュニャーに近い観察眼をもって、あらゆるものは因果関係で成り立つネットワークであり、自分もその一部であると知覚するのです。

これらの方法論や考え方にバリエーションが生まれ、その違いが「○○宗」という宗派となっていきます。曹洞宗では「あれ」と「これ」を区別する言語を捨て去り、無念無想の境地で坐禅をしますし、臨済宗▽P.273では「公案（こうあん）」と呼ばれる問答によって真理を追究します。

たとえば「両手を叩けば音が鳴る。では片手だとどんな音がするか」という有名な公案があります。普通なら「片手なら音は鳴らないじゃないか」と考えるところですが、それだと老師に叱られてしまいます。理不尽な命題に向き合うことで、理屈や常識にとらわれている自分に気づき、そこを超えていきなさいという教えなのです。

このように、どの宗派もさとりを目指すのは同じなのですが、その方法論がさまざまであるのが興味深いところです。山の頂上に到達するために、複数の登山口があるのと同じですね。

どのような方法を用いるにせよ、目指すべきさとりが何であるのかをイメージできていなければ、修行をしても意味がありません。

修行を最大限に生かすためにもゴールを明確にしておくことは必要ですし、修行の際には先達のもとでおこなうのが理に適っています。そのほうが効率的に学べますし、誤った方向に行くリスクも少なくなる。これは仏教に限らず、水泳でもスキーでも同じですよね。

COLUMN

2

現代社会で「真の仏教」を実践できるか？

＊著者・松波龍源と編集・野村高文の対談です。両者はポッドキャスト『ゆかいな知性 仏教編』でパーソナリティを務めました。

盟友との運命的な出会い、実験寺院の萌芽

野村　今回はいよいよ、寳幢寺での実践をお聞きしていきます。その前に、西大寺での修行を終えた2012年から寳幢寺を開いた2018年までの間は、他のお寺にいたんですか？

龍源　いえ、いわゆる「流しのお坊さん」でした。

四度加行（修行）をして伝法灌頂を受けることは、一人前の僧侶として認められるためのスタートラインなんですね。ただ、ここがゴールだと思われてしまっている場面も少なくなく、本来のあり方と実情が乖離している面は否めません。

私自身は、ここからが自分なりの探求を深める段階だと思っていたので、先輩たちとともに山岳修行や霊地巡礼をしたり、教えを乞いに人に会いに行ったりしていました。ミャ

ンマーやチベットに行ったのも、その一環でした。

野村　なるほど。

龍源　そうこうするうちに2014年、大きな転機がありました。東京大学の東洋文化研究所の准教授、藏本龍介（くらもとりょうすけ）さんと出会ったのです。

あるとき、知人から藏本さんの著書『世俗を生きる出家者たち』（法藏館、2014年）の刊行記念講演会があると教えてもらいました。藏本さんは、仏教が浸透している現代ミャンマーの社会構造を人類学的に研究しており、その博士論文が書籍化されたというのです。

私は、自分を救ってくれた仏教を、現代の日本で「使われるもの」にする伝道者になりたいと思っていました。そのためには自分自身のレベルアップが必要なので、さまざまな修行を続けていたわけです。

一方で、今の日本の仏教は機能疲労を起こしていて、その役割がうまく果たされていないですよね。「これをどうしたらいいだろう?」というのが私の最大の問題意識でした。

仏教が受け入れられる社会構造とはどういうものか。日本とミャンマーは何が違うのか。それをずっと考えていたところに、たまたま知った藏本さんの研究が自分の問題意識にドンピシャだったため、すぐ東京に駆けつけました。

藏本さんに時間を取ってもらい、私は自分の思っていることを話しました。彼もまた、社会をより良くする手法として仏教に可能性を感じ、日本の仏教にもっと活躍してほしいと考えていて、そのロールモデルとしてミャンマーを研究しているとのこと。ただ、自分は研究者で僧侶ではないので、ちょうど実践者を探していたというのです。

野村　すごい！　運命の出会いだったんですね。思いが一致した私たちは、「一緒にやりましょう！」と手を取り合いました。

理想を求め、お坊さんの戒律を全部守ってみた↓大失敗！

龍源　東京と京都で離れているのですぐにとはいきませんが、私は出家の実践者として、藏本さんは在家の監督者として、本当に少しずつですが理想的な構造体のあり方を探っていきました。

単純な私たちが最初に試みたのは、ミャンマーのやり方をそのまま日本に導入しようとすることでした。日本の仏教がいまいち信頼されないのは、お坊さんが戒律とかけ離れた生活をしているからだという仮説を立てたのです。

それで私は、「戒律を完全に守るお坊さん」をやってみることにしました。

野村　お酒を飲まないとか、そういうことですよね。

龍源　でもこれは、完全に失敗でした。

たとえば、お酒を飲まないことについて。現代の日本ではいろんな方々と関わっていくと、懇親会や食事をともにすることが必ず出てきます。そこでお酒を勧められるたびに「いえ、戒律がありますから」と断っていたら、かえって心のバリアが発生してしまいました。他にもいろいろあり、「付き合いにくい」「面倒くさい」と言われてしまう結果になったのです。

本書でお伝えしてきたように、僧侶はお布施をいただいて人々と関わりながら生きる存在です。ただ戒律を守ればいいというわけではなく、コミュニケーションこそが大切だということを、身をもって感じました。

そもそも現代の日本は、2500年前のインドと気候風土も文化もまったく違いますからね。これがミャンマーであれば、現代であっても比較的近いのですが、日本では応用できないのです。

野村　それで、どうしたんですか?

龍源　だからといって、お坊さんの戒律を「なし」とするのも違うし……とバランスポイントを模索していたところ、問題はそれだけではなく、「日本の僧侶は、社会から遊離しているのがよくないんじゃないか」という仮説に行き着きました。

お坊さんがお坊さんであるためには、その教えを受け取る在家、つまりまともな仏教徒がいないといけないよね、ということです。

出家者と在家社会の関係で成り立つのが本来の仏教なので、在家社会が存在しないところに出家者だけがポッンとしているのは、いわば川に浮かぶ発泡スチロールの破片みたいなものだな、と気づいたんです。

野村　たとえが絶妙ですね。

龍源　幸いこのころから、私の話をおもしろがって聞いてくれる人や、考えを理解して手伝ってくれる人が少しずつ増えてきました。そこで藏本さんを中心として、在家の仏教徒の集団である「一般社団法人日本仏教徒協会」を設立したのです。

野村　宗教法人ではないんですね。

龍源　私は、仏教の出家者はあくまで「出家者」に徹するべきで、寺院経営に関わるべきではないと思っています。寺の「経営」をおこなうのは、在家の仏教徒であるべきだと考えます。ですからあえて「社団法人」とし、私は法人運営に一切の決定権がないという仕組みにしています。

つまり私（＝出家者）に価値や能力がないと判断されれば、在家の総意としていつでも排除できるということです。「宗教」という枠に守られて、あぐらをかくような出家者を許すシステムにしたくなかったのです。

それからほどなく、現在の場所（京都・今出川）で土地と建物を貸していただけるという話が出てきました。そこで、在家者と出家者が一緒に「自分たちが良いと思う仏教」を実践する場としてのお寺を、実験的に運営してみることにしたんです。

これを「実験寺院プロジェクト」と名づけ、その第一号として2018年、実験寺院・寶幢寺が誕生しました。

自分たちの考えるお寺のあり方を、社会に提示したい

野村　寶幢寺を「実験寺院プロジェクト」として立ち上げたということは、日本の一般的なお寺とは、全然違うスタイルで運営したいと思ったからですか。

龍源　ええ、そうです。ただ私は、伝統的な日本の仏教を否定するんじゃなくて相対化したいと思っています。「21世紀の日本にフィットした仏教のあり方は、このような形でどうでしょう？」と提案したい。否定からは何も生まれませんから。

野村　今、日本で「仏教」「寺」といったら、みなさんが思い浮かべるのはまず二種類だと思います。一つはお葬式や法事をする役割、もう一つは、観光名所などの博物館的な役割ですね。あともう一つ挙げるとすれば、祈祷や人生相談あたりでしょうか。

龍源　私も、お葬式や法事を思い浮かべます。

野村　でも私たちは、仏教がもっと社会インフラ的な位置づけになってほしいと考えています。

龍源　社会インフラですか？

野村　今の日本にない形だから、想像がつかないですよね。

ミャンマーの仏教徒にとって、寺院は本当に大切な場となっています。コミュニティや居場所というだけでなく、そこで仏教哲学がたしかに授受され、生活に生かされているんです。それが人々の心に根差し、仏教的な考え方が社会に浸透する。仏教が仏教としての役割を果たすとは、こういうことだと思うんです。

だからミャンマーの人が日本の寺院を見たら、「いつも扉が閉まってるし、何をしてるの？」と感じるでしょうね。

野村　なるほど。私も一度、京都の寶幢寺にお邪魔しましたが、大学生などがふらっと来られていましたもんね。来た人どうしが話をしたり、龍源さんと対話したりするのが、寶幢寺の価値ということですか？

龍源　ええ。京都は学生の街ですから、感度の高いおもしろがりの学生さんがよく来てくれますし、寶幢寺のあり方に共感したという方が全国からお越しくださいます。うちがなければ生まれなかっただろうという出会いもあったりして、うれしい限りです。

こういう形で「今の日本の仏教とは違う形もあり得るんだよ」「こんなお寺が必要とされているんだよ」という雛型を、社会に向かって提示したいですね。それをいいと思う人が増えたら同じような場が他にもできるでしょうし、ひょっとしたら既存のお寺さんが「それならうちもできるかも」と立場や状況に合わせつつ、新しいお寺のあり方を模索するケースも出てくるかもしれない。

私は、日本の仏教、そしてお寺が変わったら、社会全体が変わるくらいの力があると思っています。それは、誰か一人の僧侶が清廉であるとか、立派であるということではなくて、全体の仕組みとして考えていきたい。

ヒーローやカリスマは必要ない、むしろ有害かもしれないと思っています。アニメや映画ならいざ知らず、実際に世界を変えるのは、コスト度外視の特注品ではなく、みんなが当たり前に使える普及品です。「新しき良き普及品」としての寺院システムを私たちが作りますから、みなさんに試していただきたいのです。

これは何も特別なことではなく、産業界でも当たり前のようにおこなわれていることです。まずプロダクトを作って「こんなものを作ってみたんですけど、どうでしょう？」と世の中に問い、需要を作っていく。

スマートフォンが存在しないときに良さを語られてもピンときませんが、実際に世に出ると「これは便利だ！」と広がっていくわけです。それと同じことを、仏教でやりたいだけなんです。

野村　ああ、すごくわかりやすいたとえです。

龍源　私たちはこれを、二百年、三百年という長いスパンで考えています。もしかしたら五百年かかるかもしれない。言ってみれば社会構造を変えようとする試みですから、「自分たちが生きている間に」と数十年スパンで考えると、無理せざるを得なくなって暴力的な革命になってしまう。

野村　たしかに。

龍源　実際、地域になじむという点ではまだ課題もあります。とくに昔から住んでいる方には「ちょっと怪しいな」と映るのでしょう。寳幢寺ができたとき、「なんや、新しいお寺って。また新興宗教か、怖いなぁ」と通りすがりの人が話しているのが聞こえてきたこともありました。

野村　そうなんですか。

龍源　やはりそれは、人々の中に「寺＝葬式・法事をするもの」「それ以外＝怪しい・怖い」という概念しかないからですよね。でも最近は、行政にも興味を持ってもらえるようになり、区役所から「集会所のような感じで使いたい」と打診をされたことは、ありがたかったです。

本当に、一歩ずつだと思います。二百年、三百年の時間の中で、人々に「あ、そういう意味だったのね」と自然とわかってもらえればいいかなと。

寳幢寺が「お布施だけで運営」にこだわる理由

野村　ミャンマーの仏教に着想を得た寳幢寺は、お布施（寄付）だけで運営していることも、大きな特徴ですよね。

龍源　はい。これは「真の仏教」を日本に導入するうえで必須のことだと確信していま す。もしミャンマーだったら「寺を建てる」と言えばすぐに巨額の寄付が集まるんですけど、日本ではそうもいかないので、ここをつくる際にはまず、私が在家のときに持っていた全財産を拠出しました。

仏教の戒律では、僧侶は無一物になることが望ましいのですが、現にそうなったことはありがたいですね。

それに加えて、寶幢寺が存在することが良いと思ってくださったみなさんが、見返りのないお布施として、毎月千円ずつとか、また寶幢寺の寄付ボックスに、ご自身の思う金額を入れてくださいます。

さらに「僕、プログラミングできるのでウェブサイトを作りますよ」とか、プロの写真家がボランティアでウェブページ用の写真を撮ってくださったり、また知り合いの農家の方が規格外で出荷できない野菜を送ってくださったりして、みなさんのおかげでプロジェクトが回っています。

私たちの思う、望ましいお寺のあり方になっていることは、本当にありがたいことです。

野村　そこに集まった人が、お金や食べ物や労働力を提供し合っているんですね。

龍源　これはいわゆるトレード、対価ではないんですね。私の話を聞いて「おもしろ

かったから三千円を払います」という世界ではない。その形なら、私は受け取りません。

野村　逆に、お布施を払えない人はそれでも構わないというのが、仏教なんですよね。

龍源　ええ。寳幢寺に来られたら私の時間の許す限りお話ししますし、質問にもお答えします。そこに対価は発生しません。うちが存続したほうがいいと思っていただけるなら、無理のない範囲でみなさんの余剰をお願いします、というスタイルです。そもそもお布施は、金銭に限定されるものではないはずです。

きっと、お坊さんが「お金を稼ぐ」という発想をした瞬間に、仏教は堕落していくんだと思います。だから私は僧侶である以上は無一物になって、在家の方々からの余り物で命をつないでいく。

野村　もし万が一、お布施がもらえなくなったらどうするんですか？

龍源　極端な話、死んでも仕方ないと思うんです。今ここにあるということは、それが存在する意味と必然性があるからです。つまり、必要とされないものは消えるのが自然の摂理なので。

野村　シビアですね……。

龍源　幸い今のところ、ギリギリ・オブ・ギリギリではありますが、何とかやっていけています。やはりこういう姿を社会に見せないと、仏教に希望を持ってもらえないですよね。「なんだ、結局お金を取るのか」というようでは、信用してもらえませんから。ですから、お布施だけで回していくスタイルは、実験寺院プロジェクトの大きな柱の一つなんです。

今こそ思い出せ、革新派としての大乗スピリット

野村　龍源さんたちが寶幢寺で実践していることは、非常にポスト資本主義的ですね。プロジェクトの進め方や自律分散など、現代で議論されているテーマとリンクしています。お金が介在する現代社会って、どうしてもギスギスしちゃうじゃないですか。寶幢寺では、それとは違うスタイルを提示しているんですね。

よくビジネスの世界では、「旧来の価値観をディスラプト（破壊）する」みたいな言い

方がされますけど、そうではなくて「こっちはこういうスタイルで回っていて、すごくいいよ」と見せるやり方がいいなと思って。

龍源　私がいいと思うことが、本当に社会にとっていいのかどうかわからないので、実験的にやってみるしかないんですよね。

今の社会に必要なものは何かと考え、それに合わせ続ける。これこそ、変化を続けてきた大乗仏教ではないでしょうか。大乗はもともと革新派であったはずなのに、今の日本では「数百年の伝統があるのだから、こうでなければ」と保守的になっていますよね。本来の大乗の姿が、もっと見直されるといいなと思います。

私はただ、自分の仮説に基づいてみなさんと実験を進めているだけなのです。

野村　お話を伺って、本書で解説してきた一つ一つの事象や用語が、より納得されたんじゃないでしょうか。龍源さんの活動に興味を持った方は、ぜひ寳幢寺を訪れていただきたいですね。

龍源　ぜひお越しください。急に来られると来客などで対応できないこともあるので、事前にメールなどでアポイントを取っていただけると確実だと思います。

第3部

仏教の視点を比較する

第2部で、仏教の軸となる概念や用語を解説しましたが、いかがだったでしょうか。少し難しいところもあったかもしれませんが、仏教が非常にロジカルな思考体系であることが、おわかりいただけたと思います。

第3部では、仏教をそれ以外の思想と比較することで、その特徴を浮かび上がらせる試みをしていきます。

比較対象はおもに、キリスト教を含む西洋哲学と、仏教が生まれたインドの他の思想です。仏教が伝わった中国、そして中国から仏教を取り入れた日本のパートでは、どのように仏教が変容していったかをたどります。

この中でも西洋哲学は、私たちが生きる現代社会のOS（基本システム）となっています。それが悪いわけではありませんし、今の世の中がハッピーならば、そのままでもいいでしょう。しかしおそらく、多くの方が「このままではいけない」と思っているのではないでしょうか。

では、今のやり方とは違うもので、現代のさまざまな問題を解消しうるのは何かと考えたときに、私は「仏教かもしれない」と思ったわけです。だからこそ、**現代社会のベースになっている西洋哲学をしっかり押さえたうえで、他の思想とも比較し、仏教とどこが共**

通していて、どこが違っているのかを認識することは、とても大切です。

私は仏教者であり、西洋やインド哲学の専門家ではありません。さらに言えば「実践者」であって研究者ではありません。自分なりに勉強したことをお伝えしますが、厳密さという意味では甘い点もあると思います。あくまで大まかな流れをつかむものとして、ご容赦いただけると幸いです。

第3部は、とくに歴史好きの方に楽しんでいただけるのではないかと思います。それではまず、西洋哲学から見ていきましょう。

PART 17 哲学と仏教①
～ギリシャ哲学～

ギリシャ哲学と仏教はよく似ていた？

まずは、私たちが生きる現代社会のベースとなっている、西洋哲学と仏教を比較しましょう。

紀元前500年ごろ、古代ギリシャの哲学者ヘラクレイトスは「万物は流転する」という言葉を残したといわれます。**すべてのものは移り変わってゆき、何かを固定的にとらえるのは不可能であると。**

この考えは、仏教とよく似ていると思いませんか？　さらに彼は川の水が常に流れて入れ替わっていることを指して「同じ川に二度と入ることはできない」とも言ったのです。下鴨神社の社家に生まれ、後年出家した鴨長明の『方丈記』にある「ゆく川の流れは絶えずして、しかももとの水にあらず」と、同じことを述べていますね。

初期のギリシャ哲学が、仏教ときわめてよく似ていたことに驚かされます。

ちなみに、ヘラクレイトスが生きた紀元前500年前後は、中国では孔子が、インドには釈迦牟尼、つまりゴータマ・シッダールタが出現しました。後世に名を残す思想家が、なぜか全世界に同時多発的に生まれたのです。

その明確な理由はわかりませんが、鉄器の農具の普及で農業が発達し、安定的に食べられるようになった人間に思考をする余裕ができたからという説もあります。

善は「実在する」としたプラトンと仏教の違いとは

そこから100年ほど下ると、有名なソクラテス、プラトン、アリストテレスの時代になります。その中でもプラトンはヘラクレイトスに影響を受けたといわれ、**その後の西洋哲学の大きな柱となった「イデア」を提唱しました。**

イデアを端的に説明するのは難しいのですが、**ものごとの本質や真実の姿、この世の真理のようなものを表す概念**です。のちに西洋哲学者カントが言った「真善美」にもつながります。

真理に到達していない人間は、イデアの影を見ているにすぎない。だから、イデアそのものを見る努力をしなければならないと、プラトンは考えたのです。

仏教に置き換えてみると、イデアはさとるべき「真理」のようなもの。まださとっていない普通の人間（凡夫）はその影しか見ることができず、思考を積み上げることで真理に近づき、それが完成したときにイデアそのものを見ることができるという理屈です。

これは、**「修行を繰り返してプラジュニャーという知性を得て、空性を直観することがさとりだ」**とする仏教と、ほとんど同じことを言っていますね。

ただ**決定的に違うのは、プラトンは、イデアを不動不変の、確固たる究極のゴールとして「存在する」と考えた点**です。実在するけれども、私たちはまだそれが見えていないだけだというのです。

仏教の場合は、プラジュニャー▽P.208で直観すべき空性（真理）は変化そのもの、ネットワークそのものだと考えます。「空」は、とらえようとしてもとらえられない。形而下では便宜上、言語で表現するけれども、求めるべき絶対的な存在にこそ、絶対性がないと考えます。

究極のゴールに当たるものが、絶対的なものなのか、可変性のあるものなのか。この時点での西洋哲学と仏教の違いはここだけですが、これが両者の決定的な分岐点となり、のちの世の中に大きな差を生み出していきます。

イデアの概念が、自立的で肯定的なものが「ある」という立場を取るゆえに、そこから弁証法が発展します。

弁証法▽P.030は、対立するAとBがぶつかって統合されることで、より高みに進むという思考法です。それを繰り返すうちに究極の真理に到達すると考えます。**「絶対的な正しさ」という基準があるからこそ、弁証法が成り立つ**のですね。

一方で**仏教の場合は、さとるべき究極の真理に絶対性や自立性はないと考えるので、AとBを対立させるような議論をしません。**「この角度から見るとAのほうが真理に近く見えるかもしれないが、状況が変わるとBのほうが真理に近く見えることもある」というふうに考えます。

ですから、仏教の立場から西洋哲学を見た場合には「西洋という時空間があり、そこに生きる人々のいろいろな因果関係の結果として、そのような考え方をするのだ」となります。

どちらが優れているというものではありませんが、両者を比較すると仏教はどうしても、形而下社会では推進力を欠く傾向があります。それに対して、西洋哲学は絶対的な善に向かって、徹底的に思索し突き進むパワーを持っているからこそ発展力が強く、私たちは近代的で便利な生活を享受できるのだと納得するところです。

似ているけれど決定的に違う二つの論点

次に登場するのは、プラトンの弟子であるアリストテレスです。アリストテレスは、プラトンの考え方に批判的な立場を取りました。

プラトンはイデアを、確固たるものとして考えましたが、アリストテレスはそうではなく、「何かが存在するためには、『それ』が『それ』であるための可能性から、実存▽P.145になるための変化が必要だ」と考えたのです。

この思想は、仏教の「空」の概念や因果関係に、より近くなってきたと思いませんか？

しかし、アリストテレスも、その可能性を実存へと変化させる材料のようなものは「実在する」と考えたのです。

しかも彼は、**万物が因果関係に従って変化するために必要な、絶対的な最小単位があるとし、**自分自身はまったく不変でありながら、他のものを動かし変化させる存在という意味で、それを「不動の動者」と呼びました。そしてそれこそが「最高善」である、と。

こうした考え方が、のちにキリスト教的な「神の絶対性」に結びついていくのです。

私は、プラトンやアリストテレスの思想からは「世界や宇宙はどうなっているのだろう」という興味を感じます。空から照りつける太陽とは何なのか。今そよいでいる風は何だろう。そこにどんな法則があるのだろう、という具合です。「私」の存在は、その世界の一員という位置づけなのでしょう。

それに対して仏教は「唯識」の哲学ですから、世界は「私」の心の表れであると考えます。興味の対象は「私」で、どこまでも心の問題に向き合い続ける哲学なのです。

哲学における問いを磨き込んでいくと、究極的には「世界とは何か」と「私とは何か」に二分されますが、乱暴な言い方をすれば、前者が西洋的で後者が仏教的であるといえるでしょう。

だからこそ西洋哲学から自然科学が発展したのでしょうし、興味を持つ視点の違いが、その後の歴史にも大きく影響しています。

ギリシャ哲学の時代までの西洋哲学と仏教を比較すると、その違いは「究極的な真理」と「興味の対象」に二つに集約されます。

この二点は決定的に異なりますが、それ以外は、互いに本当によく似ているのです。やはりそれは、私たちが同じ人類「ホモ・サピエンス・サピエンス」だからかもしれない

	西洋哲学	仏　　教
究極的な真理	不変不動の確固たる真理が実在する	実在するのではなく、関係性やネットワークそのもの
興味の対象	認識の対象物	認識する心

と、親しみを感じます。

キリスト教の登場で、西洋思想は仏教と正反対に

その後、西洋哲学に大きな影響を与えたのがキリスト教です。キリスト教が生まれたのは中東のエルサレムですが、紀元2世紀ごろからヨーロッパに流入し、4世紀末にはローマ帝国が国教化しました。

「ギリシャ・ローマ世界」という呼び方があるように、キリスト教が入ってくるまでのヨーロッパは、文明の中心がローマに移ってからも、ギリシャ哲学を引き継いだ世界観だったと思われます。

ギリシャ哲学には、哲人たちが「ああでもない」「こうでもない」と自由に議論をして思索を深める伝統がありました。しかし、キリスト教が国教になったことで、それ以外の考え方が禁止

されてしまいます。

なぜかというと、**キリスト教は「神がこの世をつくった」という世界観で動いており、聖書に書かれたことは「神の言葉」とされていたから**です。ですから聖書の内容と矛盾することはすべてアウトとなり、自由な思索が大きな制約を受けることになります。

そして「神の言葉」は絶対ですから、その世界観はすごい推進力でヨーロッパ中に広がっていきました。「こうしなさい」「これをしてはいけない」という世界観が、人々の生活や思考を規定していったのです。

それを如実に表した言葉に「哲学は神学の端女（はしため）」があります。端女とは召使いの女性のことです。人間も含めて万物を創造したのは神なのだから、人間が思考する哲学は、神や聖書を研究する神学よりも遥かに下に位置するという意味です。

この言葉を有名にしたのは、13世紀の神学者トマス・アクィナスです。彼は、イスラム教の神学がギリシャ哲学の論理を応用したことに着目し、ヨーロッパでほとんど忘れられていたギリシャ哲学で、神の存在を証明することを試みました。

アリストテレスが「誰かが押すから机が動くのだ」と言ったのを援用して「地球や太陽などすべてのものが存在するのは、神が創造したからだ」という証明をしたのです。考え方そのものは因果関係的ですが、それを神の絶対性を証明するために使ったのですね。

ギリシャ哲学の時代には仏教と共通点の多かった西洋哲学ですが、その軸が聖書を絶対視するキリスト教になったことで、てこでも絶対性を認めたくない仏教とは、完全に反対の方向を向いたのです。

映画から垣間見える、キリスト教の絶大な影響

余談ですが、私はときどき、現代の映画作品からもキリスト教の影響を感じることがあります。

有名なSF映画『エイリアン』は、人間が宇宙人に襲われる作品です。1979年に公開されたシリーズの第1作と、その前日譚として後から公開された『プロメテウス』『コヴェナント』には、「クリエイター」や「クリエイション」という言葉がよく登場します。

クリエイターとは、世界や人間の創造主のこと。つまり創造主の意図に反すると、とんでもない罰が与えられるという構図です。キリスト教徒ではない私としては「なぜそんな発想になるのだろう」と不思議に思ってしまいます。この世界観が、聖書の強さ、重さであり、ある種のしんどさなのでしょう。

2017年に公開された『メッセージ』にも、キリスト教の影響が見て取れます。

宇宙船が降りてきて、調査のために宇宙人と交信した主人公は、過去や未来を自在に見ることができるようになります。その結果、自分につらい未来が待ち受けていることを知りながらも、「私の定めだから」と受け入れるという結末です。

私はどうしても、この結末に納得することができませんでした。このままでは**未来がバッドになるとわかっているなら、それをグッドに変えるためのアクションをすればいいのに、彼らはそうしない。**これも、神による救済はあらかじめ定められていると考えるキリスト教の「予定説」が大きく影響しているのだろうと思います。

この重みはキリスト教の影響のみならず、根源にはギリシャ哲学から続く「実在論」があると感じます。何があっても変わらない「絶対的なもの」が存在するという考え方です。

それを嫌がったのが、他ならぬ仏教です。実在論を採用すると、必ず「どうしようもないこと」が出てきてしまう。それが嫌だから「ものごとに絶対性はない」「すべてのものは関係性で成り立ち、移り変わる」というロジックを生み出し、より良い未来を目指そうとしました。

私たちの現代社会のベースである西洋哲学と比較しても、やはり仏教は、希望の教えだと思うのです。

PART 18 哲学と仏教②
～西洋哲学～

「神は絶対」のキリスト教的価値観を揺るがしたペスト

前のPARTでは、ギリシャ哲学がベースだった西洋世界にキリスト教が入ってきたことで、聖書に書かれたことが「神の言葉」として絶対性を持つ世界観に移行した流れをお話しししました。

キリスト教と仏教の違いは、絶対性の有無だけでなく、経典にも表れています。**聖書は創世記の「アダムとイブ」や「ノアの方舟」に代表されるように、その大部分が物語で構成**されます。一方で、**仏教の経典を構成するのは論理（ロジック）**です。説明のために補助的に物語を用いることはありますが、主軸はあくまでロジックです。

両者のどちらがわかりやすく、人々に広がる力を持つかというと、やはり物語ですよね。「神の言葉」がストーリーとして語られるので、キリスト教的な価値観は圧倒的な波及力でヨーロッパ全土を覆いつくしていきました。

こうしたキリスト教の強さには功罪どちらもあるでしょうが、罪の側面として象徴的なのは、地動説を唱えたニコラウス・コペルニクスへの非難や、コペルニクスを支持して天体観測をおこなったガリレオ・ガリレイに対する弾圧です。

現代の感覚では科学そのものと言える彼らの主張ですが、聖書の世界観と合わなかったために、ガリレオは逮捕され有罪判決まで受けてしまいます。

そこがキリスト教ならではの「しんどさ」なのでしょうし、前のＰＡＲＴでお話ししたように、現代の映画作品にもいまだに反映され続けています。

さて、14世紀ごろから、ヨーロッパではルネサンスが起こります。ルネサンスは「再生」「復活」を意味するフランス語で、それまでキリスト教的価値観の範囲内でのみ許されていた表現や活動に対して、もっと人間的な発想や欲求を大切にしようとした運動です。このムーブメントは絵画などの文化活動のみならず、哲学や科学の分野にも及びました。

また16世紀には、マルティン・ルターによる宗教改革が起こりました。

因果関係を大切にする仏教としては、**歴史を大きく動かすこれらの事象が起きたのは何が原因なのか**と考えます。その見解はさまざまありますが、私は**14世紀にヨーロッパで大**

流行したペスト（黒死病）の影響が大きかったという説を支持します。

このペストでは、ヨーロッパの人口の4分の1から3分の1が亡くなったともいわれます。最初の大流行の後も、数百年にわたって人々を脅かし続けました。

この時代は、イギリスとフランスの百年戦争やドイツで起こった三十年戦争などがあり、ヨーロッパ世界全体が、既存の価値観の揺らぎと社会不安に包まれていました。

そんな中、キリスト教会は「人間の行いが神の怒りを買ったから悪いことが起こるのだ。でも、これを買えば罪が許されるのだ」と贖宥状（免罪符）を販売します。しかし、それを売った神父さん自身がペストで死ぬ、といった笑い話のようで笑えない話も当然起こりました。

世界を創造した絶対的な神様がいて、聖書に書かれた通りにしていれば幸福でいられると思っていたのに、こんな状況では「神様ってどうなんだろう？」と人々の間に疑念が広がるのも無理はありません。

ペストの大流行をきっかけに、他の要素も相まってカトリック教会の権威が大きく揺らぎ、ルネサンスや宗教改革へとつながっていったのです。

ペストの恐怖から「さとった」人がいた

ここで、ペスト時代の興味深いエピソードを紹介します。まだペストが大きな脅威だった16世紀の後半から17世紀初め、ドイツにヤーコプ・ベーメという人がいました。学者でも宗教家でもない、ごく普通の靴屋さんです。ベーメは、ペストが怖くて仕方ありませんでした。

先に述べた通り当時は、戦争や宗教改革もあって旧来の価値観が音を立てて崩れていた過酷な時代です。ペストへの恐怖と社会不安から、精神的に大きな圧迫がかかったのでしょう、彼はあるとき神秘体験をします。急に目の前に**「神は私であり、私は神である。神も私もすべてのものは光からできており、変動している」**というビジョンが広がったのです。

本書をここまでお読みいただいたみなさんなら、もうおわかりですよね。**ベーメは、仏教的にいえば「さとった」のです。**

しかしベーメは「神が絶対だ」というキリスト教文化圏で生まれ育った人ですから、パニックになってしまいます。「神は私であり、私は神である」だなんて、そんなことあっていいはずがありません。

彼は後に自分の体験を『アウローラ』という書物にまとめましたが、発禁となり異端扱いされます。「その体験を二度と口にしてはいけない」という条件のもとに許され、最終的に彼は、キリスト教の文脈の中で折り合いをつけて納得したといわれています。

私からすれば「もったいないな」と思うんですよね。もしベーメが仏教文化圏に生まれていたなら、仏教界のリーダーとして肖像画が描かれ、後世に名を残していたでしょうから。

神から「自立」し「理性」を大切にした近代哲学

そうした潮流の中で、西洋哲学は新たなフェーズを迎えます。

17世紀、「近代哲学の祖」といわれるフランスの哲学者ルネ・デカルトは、**「神様がアダムとイブを創造し、私たちはその子孫である」といった、当時は自明とされていた常識をいったん取り外し、**新しい真理を見つけるために、すべてのものを疑う手法を取りました。

人間はもちろん神をも疑い続けていくと、確実な存在は何もない。けれど、それを疑っている自分だけは確実に「存在している」といえる。ここから「われ思う、ゆえにわれあり」という言葉が生まれたのです。

また、イギリスのジョン・ロックは「経験主義」という考えを打ち立てました。ある人の理性や知性、感性は、個人が経験したものに由来するという趣旨のことを提唱したのです。この考え方は、世界は「私」の心の表れであるから、個人の数だけ世界があるとする唯識の概念と、少し似ていると思いませんか？

ようやくこのあたりから、**理性を重視し思索を深めるギリシャ哲学的な思想が戻ってきたと同時に、仏教に近い考えがふたたび生まれます。**

ただデカルトにせよロックにせよ、その思想の軸はキリスト教にありました。その後に登場する、『純粋理性批判』のイマヌエル・カントや『精神現象学』のゲオルク・ヘーゲルなども、唯識に近いことを主張しながらも、やはりキリスト教的世界観を前提としています。

そんな中で、とびきりの変わり者だったのがフリードリヒ・ニーチェです。「神は死んだ」で有名なニーチェは、**神や聖書が絶対性を持つ、実在論を前提とした世界には無理があると考えました。**

実はニーチェは仏教など西洋以外の思想にも造詣が深く、**「西洋はいまだ、仏教を受容できるほどに成熟していない」**という趣旨の言葉を残しています。ここは、仏教者としてはぜひ強調しておきたいところです。

ニーチェはかなり異質なタイプだったとはいえ、そうした考え方が出てくるほどに、キリスト教的価値観は徐々に弱くなっていきました。

現代に近づくにつれ、認識にフォーカスするように

話をもとに戻しますが、デカルト以降の西洋近代哲学は、人間の理性や認識を考えようとする流れになります。

フェルディナン・ド・ソシュールの言語学やエトムント・フッサールの現象学を経て、20世紀の半ばにはジャン・ポール＝サルトルが実存主義を唱えました。彼の主張は「実存は本質に先立つ」というもので、一見、仏教と反対のことを言っているようですが、実はむしろ近いと私は考えます。

たとえば、コップには「水を入れて飲むための道具だ」という本質的な機能があるように見えます。PART11で紹介した自性▽P.151でいえば「コップ性」ですね。しかしサルトルは「それは、人間にとってそうだというだけで、認識による作為である」と考えました。これはジョン・ロックの経験主義にも似て、唯識的だと思いませんか。

さらにモーリス・メルロー＝ポンティは、「頭で考えるだけではなく、自分の身体・全

存在を通じて認識するのだ」と身体知を提唱します。西洋哲学が人間の認識にフォーカスしたことにより、２５００年かけて心身の一致に取り組んできた仏教哲学と近くなってきたのです。

まとめると、キリスト教的世界になった後の西洋思想は、以下のような変遷をたどりました。

1　世界を創造した神が絶対的で、それが人間の理性に合っていようがいまいが、聖書に書かれたことを「そうなのだ」と納得する時代

2　ペストのように過酷な状況を経て、「聖書にエラーがあるのではないか」「人間の理性でものごとを認識することが必要ではないか」と神への疑念が生まれた時代

3　「その人間の理性とは何なのか、どれくらい信用できるのか」と理性を探究する時代

4　「人間が世界を認識する認識力とは、どのような構造になっているのか」と認識のあり方を追究する時代

ふたたび仏教と近くなってはきたものの、「世界はどうなっているんだろう」という興

味からスタートしていることもあり、認識についても「外の世界に対する自分の認識」という位置づけです。

やはりそれは、プラトン以来の「絶対的な正しさがある」という実在論が大きく影響しており、設定された究極の高みに近づこうとする西洋哲学の姿勢は、仏教と決定的に異なるところだと感じます。

弁証法的な価値観を卒業しよう

ここまで、駆け足で西洋哲学の約2500年を振り返ってきました。

西洋哲学の流れが、日本も含めた現在の先進国のOSになっていることは間違いなく、その強い推進力が社会をここまで押し上げてきたことは、肯定的にとらえるべきでしょう。ただ一方で、それによるエラーが少なからず出ていることも事実です。

そこで私は、**仏教者として「そろそろ、実在論・弁証法的な思考法をやめませんか」と提案したい**のです。

高度文明的な社会がすでに実現された今、「絶対的に正しい一つの真理があり、そこに向かって闘争を繰り返して高みを目指す」という必要性は薄れていると思われます。それどころか現代は「VUCAの時代」といわれ▽P.020、あまりにも変化が激しく、何が正解なのかわからない時代になっています。

たった一つの真善美を追い求めるよりも、「すべてのものは関係性のネットワークで成り立っており、かつ流動的で、状況によって関係や意味が変わっていく」という曼荼羅的な世界観。人類がこちらに考え方をシフトすれば、これからも文明の恩恵を享受しつつ、周囲とバランスを取ってサステナブルに生きていけると思うのです。

現代の私たちは、かつてのペストの時代のように、新しい価値観にシフトしなければいけない段階に来ているのかもしれません。

そのためにも、現代社会のOSである西洋哲学を今こそしっかりと振り返り、「じゃあこれからどうしたらいいか」といろんな人が考える時代になってほしいですし、その中の一つに仏教が入っていれば、私としてはうれしく思います。

PART 19 インドの他の宗教と仏教

インドの精神文化の原点とは

ここからは、仏教がインドから中国を経て、日本に伝わるまでの「旅」をします。

まずこのPARTで取り上げるのは、仏教誕生の地であるインドの代表的な思想です。バラモン教やヒンドゥー教、ジャイナ教と仏教の関係や特徴を比較してみます。

確認されている中で最も古いインドの歴史といえば、紀元前2500年ごろに興ったインダス文明です。いまだ解明されていない点も多いものの、この時代に生きた人々は、ヒンドゥー教の神々の原型になるようなものを信仰したり、現代の瞑想に近いようなことをおこなったりしていたのではないかといわれています。

そこから少し時代が進んで紀元前1500年ごろ、現在のインドの人々につながるアーリア人がインド亜大陸に侵入してきました。

アーリア人は、ギリシャ・ローマの人々と同じ起源を持つと考えられます。パッと見たところ、両者の顔立ちは大きく違うように感じられますが、実は共通する点が多いのです。

たとえば言語。水はラテン語で「アクア（aqua）」といいますが、サンスクリット語では「アルガ（argha）」。「インド・ヨーロッパ語族」といわれるように、同じ言語分類なのですね。ちなみに、日本で仏様に供える水を「閼伽水（あかすい）」というのは、サンスクリット語を音写したものです。

また、その神話体系も共通していました。アーリア人の神話で最高神とされるのは雷の神インドラで、水の女神がサラスヴァティですが、これはギリシャ神話のゼウスやアフロディーテと起源を同じくする神であると考えられています。

そしてアーリア人たちが持っていた思想体系・概念が「ヴェーダ」です。ヴェーダとはインド最古の宗教文献群の総称を指し、代表的な文献『リグ・ヴェーダ』では、その４分の１もの分量を割いて最高神インドラを讃えています。

このヴェーダの思想を聖典として、宗教の形になったのがバラモン教です。インド哲学を勉強すると「ヴェーダの宗教」という言葉を耳にしますが、バラモン教とほぼイコールだと考えてよいでしょう。

カースト制度のしくみ

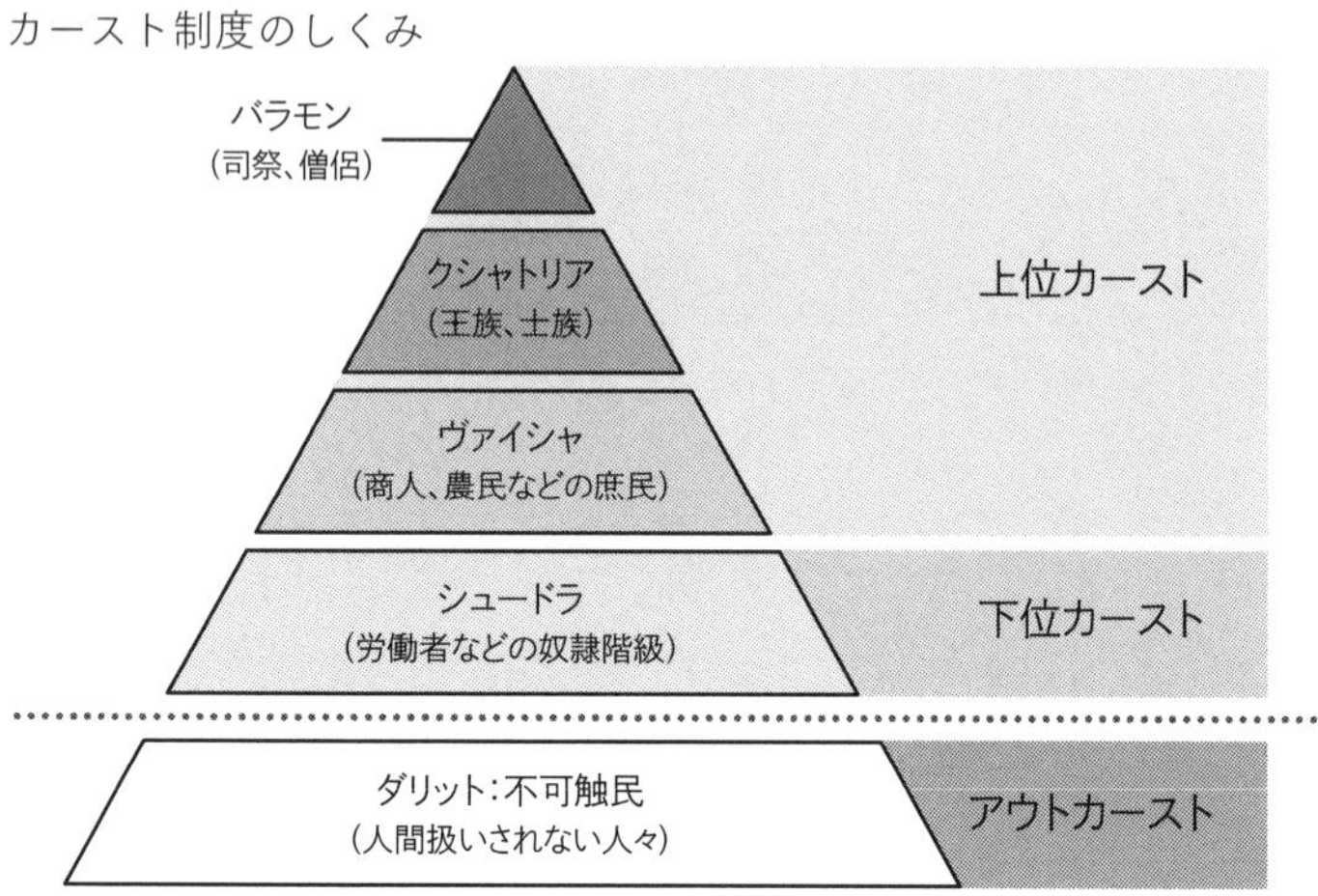

バラモン教は、司祭者階級「バラモン」を頂点とする身分階級制度を持っていました。ご存じのように、これは現代のインド社会にも残るカーストの原型になっています。

そんなバラモン教の世の中で、**紀元前500年ごろに現れて仏教の体系を作ったのが釈迦牟尼です。**また時をほとんど同じくして、マハーヴィーラはジャイナ教を成立させました。

彼らが登場した当時のインドは、旧来の司祭者階級バラモンを頂点にした比較的のどかな世の中から、人間の生産性が上がり王侯貴族が力をつけ、国家というものがはっきりと現れ始めた時代でした。

いわゆる群雄割拠状態で、戦争が頻発する時代です（十六王国時代）。戦乱の世では司祭者は役に立ちませんから、相対的にバラモンの権威が落ちていきます。

そんな中で、ヴェーダの思想を基礎にしつつも、メインストリームのバラモン教から分岐した辺縁の思想が次々と出てきました。仏教やジャイナ教は、その中の一つだったというわけです。

不思議なもので、日本で鎌倉新仏教といわれる新興宗教ブームが起こったのは、貴族の世から武士の時代に移り変わったころでした。中国でも諸子百家と呼ばれる孔子らの思想家が現れたのは、春秋戦国時代です。

PART18で述べたルターの宗教改革もそうですし、**世の中が不安定になると、新しい思想や価値観が生まれるという歴史を、人類は繰り返している**のですね。

ちなみに、**古代インドでヴェーダが拡大していく過程で、死後の天上世界や輪廻転生、現世の行いと死後の処遇の関係など、現代までつながるインド思想の土壌が形づくられていきました。**バラモン教だけでなく、その後に登場する仏教やジャイナ教も、広い意味ではヴェーダ系列として影響を受けていると理解してください。

バラモン教を軸に、あらゆる信仰を取り入れたヒンドゥー教

現代のインドで最も多くの信者を抱えるヒンドゥー教は、ここまでに説明したバラモン教の直系的な後継とされています。その成り立ちを歴史から見ていきましょう。

インドとローマは文化交易圏を共有していました。そのため5世紀末に東西分裂した後の西ローマ帝国が滅ぶと、その影響はインドにも及びます。さらに6世紀末にはインドのグプタ王朝が崩壊。

インドの知識階級はその混乱を避けるために、おもに南インドに逃げたのです。

南インドには、インダス文明の継承者であるドラヴィダ人が住んでいました。そのドラヴィダ人の土着信仰と、南下したアーリア人の信仰するバラモン教が融合して、いわゆるヒンドゥー教の祖型が自然に現れてきたと考えられています。

二派が混ざる中で、アーリア人の最高神インドラよりも、ドラヴィダ人の神様であるシヴァやヴィシュヌが格上になっていったようです。

私はヒンドゥー教の勉強を始めたとき、神話の理解がすごく難しいなと感じました。話がごちゃごちゃしていて、1本の神話としてすっきり読めないのです。「さっきの話でこ

の神様は死んだと言っていたのに、また出てきているぞ」というふうに、整合性に欠けるのです。

しかし、バラモン教とドラヴィタ人の土着信仰が融合したという成り立ちを知ると、「なるほど」と納得できました。きっと、ルーツの違う話が合わさって、今の神話体系ができているのでしょう。

それにしてもインドの人々は、話がごちゃごちゃして整合性が取れないことに違和感を持たないようですし、時系列にもまるで興味がないようです。このインドの人々の大らかなメンタリティが、とてもおもしろいなと感じます。

仏教が因果説を強調する理由

さて、紀元前5世紀ごろにバラモン教のカウンターのような形で成立した仏教は、因果関係を重視する哲学ですよね。なぜこれを強調するのかというと、それまで**インドのメインストリームだったバラモン教が、ものごとは絶対的で変わらないという本質「アートマン」を持っていると考えていた**からです。

たとえば、ここに「神聖な人」がいるとしましょう。バラモン教では、その人が神聖な理由を「生まれながらにして神聖な本質が備わっているからだ」と考えます。この理屈は、身分階級制度にとてもフィットするのです。

しかしそれでは、被差別階級の人は「差別されるに値する本質を持って生まれたのだから、どうしようもない」「本人の努力は関係ない」となってしまう。これでは希望がなさすぎますよね。

仏教は、これに異を唱えました。ものごとに絶対性を認めませんから、「尊い人」は「絶対的に尊い本質を持っているからではなく、尊い行いをしたからだ」と考えます。「行い」という因果関係を重視するのです。

つまり、たとえ被差別階級に生まれたとしても、自分の行いによって逆転を狙うことができる。これは、バラモン教の世界観でしんどい思いをしていた人にとっては光明ですね。仏教はこのようにして、支持を拡大していきました。

西洋哲学もそうでしたが、世界の精神文化は、結局のところ**「有神論か無神論か」「ものごとに絶対性があるかどうか」の二つの対立軸がある**ようです。

「優しすぎる」ゆえに「厳しすぎる」ジャイナ教

では次に、仏教とほぼ同時期にマハーヴィーラが成立させたジャイナ教には、どんな特徴があるのでしょうか。

ジャイナ教の主張は仏教と似ていますが、**より主観性を重んじ、感覚的な「優しさ」のようなものを基準にするようです。真理に絶対性はないとする仏教に対して、「すべての真理はそれを語る人の立場によって変化する」と考える**ようです。

たとえば、ジャイナ教の視点から仏教を見ると「ゴータマ・シッダールタのパーソナルヒストリーや思考体系から見れば、万物は因果関係だと考えることができる」となりますし、一方で「バラモン教の立場に立てば、ものごとにアートマンという絶対的な本質を認めることができるだろう」というふうに考えます。絶対性を認めるかどうかは、ジャイナ教にとって問題ではないようです。

「それはその人の立場による」という考え方は、ジョン・ロックの経験論にも似ています。けれども仏教から見ると、やや曖昧な感じは否めません。

きっとマハーヴィーラは、「いやいや、それは立場によるから」と争いを好まない、とても優しい人だったのでしょう。

仏教と成立時も近いジャイナ教が、世界に広がらなかったのはなぜでしょうか。その理由は徹底した戒律にあるのではないかと、私は考えています。

ジャイナ教の軸となる概念に、サンスクリット語で「非暴力」を意味する「アヒンサー」があります。**命あるすべてのものへの非暴力・不殺生を徹底し、暴力や殺生につながるような所有欲を否定する**のが特徴です。

空気中の虫を吸い込まないようにと口元にはマスクをし、小さな虫を踏みつぶしてしまわないよう、自分の足元をほうきで掃きながら歩く人々の姿を、写真などで見たことはないでしょうか。彼らがジャイナ教の人々です。

こんな話を聞いたことがあります。

ジャイナ教の厳格なルールを小馬鹿にしたある西洋人が、ある敬虔なジャイナ教徒に「でも、水の中にも微生物はいるよ」と顕微鏡を見せました。すると、それを見たジャイナ教徒は水を飲むのをやめてしまい、死んでしまったというのです。

私たちの感覚からすると驚きを禁じ得ませんが、ここまで徹底するのがジャイナ教なのです。

こうした厳格な戒律だと、実践できる人が限られてきますね。圧倒的な意志の強さに加え、それが実践できる環境に置かれていなくてはいけませんから。ジャイナ教が広く普及

ジャイナ教の人々

写真提供：共同通信社

しなかったのは、この厳しい戒律のためだと思われます。

現代の信者数は数百万人で、インド人口の1パーセントにも満たないとされています。

ヒンドゥー教は農民層に、仏教は商人層に広まった

では、仏教やジャイナ教、そしてヒンドゥー教は、それぞれどういう人たちに広まっていったのでしょうか。

大きな傾向としては、**ヒンドゥー教は農民層に、仏教とジャイナ教は商人層に強く支持されたようです。**

ヒンドゥー教が農民層に支持されたのは、そのローカル性にあります。

農業をするうえで最も恐ろしいのは天災です。日照りによる干ばつや、反対に大雨による洪水が起きれば、凶作はもちろん命も危険にさらされますが、人間の力ではどうしようもありません。しかも農作業は一人ではできないため、定住している地域の人たちと協力する必要がある。

農民にとって土地・地域は何より大切ですから、自然と「この土地の神様に祈ろう！」というメンタリティになります。

そのため、土着的な要素の強いヒンドゥー教が支持されたのだと思われます。

では、ジャイナ教と仏教が商人層に支持されたのはなぜでしょうか。

まず不殺生を前提とするジャイナ教徒は、農業ができません。害虫を駆除することができませんし、それどころか植物も命だと考えるので、農作物でも根菜類など、芽を出す部分は食べません。ですから必然的に、商売をするしかないという面があります。

また、インドはローマとの交易がさかんだったため、多くの商人が行き来していました。ローマ帝国で鋳造された硬貨が、インドで使用された痕跡も残っているそうです。そしてその時代は、仏教が爆発的に伸びてインド全体を覆っていた時期と重なります。

商人は一か所にとどまらず、移動生活を送ります。行く先々で初めて出会う、しかも言葉や価値観の違う人とコミュニケーションを取らなくてはいけません。**場所や状況によって臨機応変に対応しなければならないため、その土地の神様を精神的な支柱にするのは難しく、どこに行っても変わらない普遍的な真理を求めがち**になります。

また、移動中に盗賊や野生動物に襲われる可能性もありますから、常に命の危機と隣り合わせです。その恐怖を乗り越えるための心のあり方・技法として、仏教が切実に求められたのでしょう。

実際に、釈迦牟尼が招かれた先で居合わせた行商人から「荒野を旅していると、ものすごい恐怖に襲われるのですが、その恐怖とどのように向き合えばいいでしょうか」と質問されるエピソードから始まる経典があります。してもリアルですよね。余談ですが、この経典は『寶幢経(ほうどうきょう)』といい、私たちが運営するお寺の名前にもなっています。

しかも商人というのは、自分さえ儲かればいいのではなく、商品や金銭を通じて、客や商品の作り手が互いにつながり合う共同体だと考える人々です。近江商人の「三方よし」がそうですね。彼らの生き方は、**すべてのものはネットワークであるという仏教のあり方と親和性が高い**のです。

もちろん、商人でもヒンドゥー教を信仰している人もいたでしょうし、農民の中で仏教を信仰していた人もいたはずです。ただ、環境や状況からざっくり分けて考えると、こういった傾向があるといえます。

こうして見ると、現代まで伝わるインドの思想・宗教は、「ヴェーダの宗教」バラモン教が起点になっていることがわかります。**ヒンドゥー教はバラモン教の後継として、仏教やジャイナ教はバラモン教のカウンターとして発展してきました。**

次からは、仏教がインドから中国に伝わった後、どのように変容していったかをお話しします。

PART 20

中国で変容した仏教

インドと中国の考え方の違いが仏教のカスタマイズを生んだ

日本への仏教伝来をたどる旅は、中国に入ります。

現代日本の仏教は、中国に少し似ている部分がある一方で、東南アジアやミャンマーの仏教とは、お坊さんの衣装や寺の位置づけなど、そのあり方が大きく異なります。それは、中国がインドから伝わった仏教を大きくカスタマイズしたことが影響しています。いったい、何があったのでしょうか。

PART19で、**インドの人々は歴史の並び順や、「古いものが新しいものに移り変わりながら良くなっていく」という進化論的な考え方を、あまりしないようだ**とお話ししました。

いろんなものがごちゃごちゃに混ざっていても「それはバリエーションだよね」という程度。みなさんが抱く現代インドのイメージも、おおむねそんな感じではないでしょうか。

一方で**中国や日本など東アジアの人々は、歴史やものごとの順序、整合性を重視する精神文化を持っています。**「あれ、さっき言ってた話と違う」というのが、とても気になってしまうのです。

このあたりは西洋の弁証法的思考とよく似ていて、私たちは「新しく出てきたものは古いものより優れている」「古い劣ったものを淘汰しながら進歩していくのだ」という考え方を、無意識のうちにしているのでしょう。

まず、この両者の違いを押さえてください。

バラバラの順序で仏教を受け入れ、中国は大混乱

仏教を歴史的に見ると、まず釈迦牟尼による原始仏教があり、部派仏教[01]の時代を経て、大乗仏教という大きな流れが分岐しました。大乗の中でも、禅や密教、念仏など、さまざまな流派に分かれていきます。

01 部派仏教
釈迦牟尼の死後、数百年の間に、原始教団が分化して成立した諸派の仏教。

この流れがインドでは整理されておらず、古いとか新しいとかいうことは関係なく「どれも仏教だよね」と、ごちゃっと一か所にプールされているのです。

そんな状況で「招かれたので中国に行ってきます」というお坊さんや、逆に中国からインドに学びに来る僧がいたりすると、**インドでごちゃごちゃに詰まっているものの中の「部分」が、時系列に関係なくランダムに中国に伝わっていく**ことになります。

あくまでも仮の話ですが、インドでは比較的新しい宗派が第1波として中国に伝わり、第2派は古いものが、第3波は真ん中くらいのもの、第4波は非常に古いもの、という順番で伝わったとしましょう。

すると中国では、第4波の一番古いものが「仏教の最新バージョンだ」と思われてしまうわけです。

ものごとの順序や整合性を重視する中国では、後から伝わってきたものが新しいバージョンである「はず」で、新しいものは古いものより良い「はず」だと考えます。

でも実際は、そうではありませんね。内容も整合性が取れませんから、中国の人々にとってはものすごく据わりが悪く、中国仏教界は大きく混乱します。

私がこの話をすると、ある知人に「音楽のストリーミングサービスみたいですね」と言われました。

インターネット普及前は、CDショップに行くと新しく発売された曲のCDが目立つところに置かれ、古い曲は隅っこに追いやられていました。ところが、「CDの収納場所」という物理的制約のないストリーミングサービスが一般的になった今は、古い音楽も新しいものも一つのサービスの中に入っているため、若い人が70年代の曲を好んで聴いたりする現象も起こっています。

「新しいものがいい」という概念が以前より薄くなってきたことが、インド的だというのです。あまりにぴったりのたとえで、感心した覚えがあります。

混乱を解消した「救世主」、天台智顗

こんなふうに、インドからバラバラに伝わってきた仏教に困惑する中国に、度胸のある人が現れました。

彼は**ごちゃごちゃとして整合性の取れていなかった仏教を、自身の解釈で「えいやっ！」と整理したのです。**天台智顗（てんだいちぎ）という6世紀後半の人物です。**これを「五時八教の教相判釈（ごじはっきょうきょうそうはんじゃく）」**といいます。

本来のインド仏教は、釈迦牟尼が最初に説いたことをもとに、ナーガールジュナをはじめ各時代の祖師たちが発展させたものです。

しかし中国では、釈迦牟尼が一代ですべて説いたものだという認識になっていました。まずここがずれているので、余計に「お釈迦様が言ってることが違う……」となってしまうのですね。

それを智顗は、「お釈迦様は説法をする相手のレベルによって、教えを説き分けているのだ」と解釈しました。

このお経が一番易しいレベルで、次はこのお経で……と仕分けしていった結果、「これこそが、最も優れた仏教徒に向けた最高の教えだ」と彼が考えたのが『法華経』でした。

こうして**法華経をよりどころにした天台宗が、当時の中国では「最高で最新のバージョン」だとされた**のです。

実際の歴史事実とはまったく違うのですが、「ごちゃごちゃして訳がわからない」という人々の困惑を解消したことは、当時の中国仏教界では非常に大きな功績でした。この智顗の解釈がベースとなって、その後の中国仏教にも大きな影響を与え続けることになります。

「山に籠って修行する仙人」のイメージは中国で生まれた

これとはまた別に、6世紀の初めごろに、有名な達磨（だるま）大師が中国へやってきました。当時の皇帝に嵩山（すうざん）少林寺を与えられ、中国に禅宗をもたらします。

この禅の思想が、中国の精神文化によくフィットしたのです。

達磨大師が持ってきた禅は、中観哲学（空の思想）をベースにしたものです。真理を言語で表すことは不可能だから、言語を使わずに真理を直観することがさとりである、と考えます。

きっとインドの禅宗であれば、「言語を使わないとはどういうことだろう？」と興味を持ってまず瞑想し、それで感じたことを議論して、また淡々と座る……というふうに、自由に思索しながら真理に近づこうとするでしょう。このあたりは、ギリシャ哲学と似たところがあるかもしれません。

しかし、私たちが抱く禅宗のイメージは、そうではありませんね。瞑想中に後ろから警策[02]で叩かれたり、問答で的外れな答えをすると「ばかもーん！」と怒鳴られたりするような、厳しい修行を思い浮かべるのではないでしょうか。

禅宗をこのような厳しいイメージにしたのは、達磨大師の弟子筋である馬祖道一（ばそどういつ）だとい

02 警策
座禅のとき、修行者の肩や背中を打つための棒。曹洞宗では「きょうさく」、臨済宗では「けいさく」という。

われています。

私見ですが、これは怒鳴られたり叩かれたり、「喝を入れられた状態」に心が停止し「空」を直観しているという発想で、弟子をさとらせるために喝を入れるのだと理解しています。これが日本に伝わって、言語の限界を超えていこうとする臨済宗や、無念無想で自分自身に向き合おうとした曹洞宗につながっていくのです。

そして、**中国における出家者のイメージを決定づけたのが、馬祖道一の弟子であった百丈懐海**（ひゃくじょうえかい）です。懐海は、中国の僧侶のあるべき姿を細かく定めたルール「百丈清規」（ひゃくじょうしんぎ）を制定しました。

昔の中国のお坊さんの生活は、どんなものだと思いますか？　人里離れた山奥で、自分が食べるだけの小さな畑を耕しながら、読経や瞑想をする様子をイメージする方もいるでしょう。そうした生活をルール化したのが百丈清規で、「一日作（な）さざれば、一日食らわず（働かざる者、食うべからず）」という言葉は、ここから生まれました。

しかしこのルールは、本来の原始仏教の戒律とは正反対です。**釈迦牟尼は、出家者の生産活動を一切禁止し、衣食住は托鉢（お布施）でまかなうように説きました。**その戒律に照らし合わせると、僧侶が畑を耕して自給自足するのはアウトになります。

また、僧侶が住む場所についても、釈迦牟尼は「村はずれから石を投げて届く範囲よりも外」と定めています。「え、近くない？」と思いましたよね。そう、意外と近いのです。

僧侶は托鉢をしなくてはいけませんから、あまり人里離れたところに行ってしまうと、お布施をしてくれる人がいなくなります。中でも大乗仏教は迷える人を救済することを重視するので、山奥に籠っていては意味がありません。**仏教の僧侶は個人のエゴを捨てて、人との関係の中でのみ生きるのが、本来のあるべき姿**なのです。

ではなぜ懐海は、釈迦牟尼以来の戒律を捨て去ってまで、「僧侶は人と関わりを断って山奥に籠るもの」としたのでしょうか。

ここでちょっと、漢字を思い浮かべてください。出家者の反対語は、在家者ですよね。同じ意味で「俗人」という言い方をすることもあります。

「俗」という字は「にんべん」に「谷」。「谷」の反対を表す単語は「山」ですから、「にんべん」に「山」をつけたらどうなりますか？　答えは「仙」ですね。

つまり**中国の人々の思う出家者とは、「仙人」のようなイメージ**なのです。

おそらく中国人の精神世界の中には、仏教が伝わってくる前から「聖なる人は、山奥に住んで人と関わることなく自給自足で暮らし、不思議なメンタルを持っている」という土着的な心象風景があったのだと思います。

その後に仏教が入ってきて、村の人と関係を持ち托鉢で生きていく姿を「俗っぽい」と感じたのかもしれませんし、現実問題として、中国社会において托鉢で生きていくのは難しかったこともあったのでしょう。

そのため、懐海が制定したルールも、「聖なる人はこうであってほしい」という中国人のイメージに寄せたものになったと考えられます。

このように、**智顗の教相判釈と懐海の百丈清規によって、インド仏教とはかけ離れた独自の形で中国仏教が確立されていった**のです。

もはや有神論の阿弥陀信仰

さらにもう一つ、中国人の精神世界にフィットしたのが阿弥陀信仰です。**「阿弥陀様に一心に祈れば必ず救われる」と、もはや有神論になってしまっています。**

阿弥陀信仰は、インドではなく中央アジアで生まれたといわれています。元来は中央アジアの有神論にやや影響を受けつつも、中観・唯識の哲学に基づいたものでしたが、中国にやってくると、中観や唯識は吹っ飛んでしまいました。

中国には天帝思想や、さまざまな神様のいる道教の文化があり、もともと有神論的なベースがあります。ここに阿弥陀信仰がバチンとはまり、「阿弥陀様に祈れば救われるのだ」と完全に中国ナイズされたというわけです。

しかもそれが、禅宗ともうまく融合します。山奥に籠って仙人を目指すのが理想的だけれども、そのような厳しい修行ができない人は阿弥陀様に救ってもらおう、という形で見事にはまったのです。

本来の形が中国で変わったという点では、僧侶が身につける衣もその一つです。

インド仏教では、お坊さんが身につけるのは三衣（さんね）といって、①下着としての腰巻き、②その上に肩からまとうサリーのような衣、③寒いときにもう一枚、上から羽織る大衣（だいえ）の三枚です。

インドの高僧が中国に招かれたときも、初めは当然、この格好で行ったはずです。ところが皇帝に謁見する段になって、「そんな格好ではいけない」と召使いたちが慌てます。「尊い人」として皇帝に会うのに片肌脱ぎの質素な格好では、下賤な人のように見えてしまうからです。

そこで僧侶は、高官が着るような袖の大きい衣装を着せられたといわれています。袖が大きいと、作業をするには不都合ですよね。つまり中国では、袖が大きいことは「自分で何もしない人＝身分の高い人」の象徴なのです。

このように、私たちがよく知る「袖のある衣を着たお坊さん」は、中国で生まれたといわれています。たしかに、あのタイプの衣を着るのは東アジアの僧侶だけで、インド文化の影響が強い、チベットのダライ・ラマも片肌脱ぎの衣で過ごしています。

しかし現代の日本社会においては、僧侶は特別な身分ではなく付き人もいませんから、自分でいろいろと作業をしなくてはいけません。だから実は、あの袖が結構邪魔なんです。もしかすると、オリジナルの衣装のほうが使い勝手がよいかもしれませんね。

ここまで述べてきた通り、インドから伝わった仏教は、中国で既存の精神文化や道教と融合して大きな変容を遂げました。そして日本は、それを受け入れていくのです。

伝言ゲームのようなもので、介在する者の数が増え、伝達距離が長くなると、本来のものと形や意味が変わってくるのは自然なことです。

それに、**気候も文化も異なる土地で育まれた思想をそのまま受け入れるのは簡単ではありませんから、自分たちの文化に合わせて「翻訳」するのは悪いことではありません。**

私が言いたいのは、本来の仏教と変わったからだめということではなく、**日本の仏教**

が、仏教のすべてではないということです。現代の日本仏教は、伝来の過程でもとの形と大きく異なっています。それを自覚することが、仏教をより深く理解する一助になるはずです。

さて次はいよいよ、日本への伝来編です。日本はここから、仏教をどのようにローカライズしていったのでしょうか。

PART 21

日本の文化と仏教①

「国家の統治ツール」として輸入された日本の仏教

インドから始まった仏教伝来の旅が、ついに日本に到着しました。中国で質的な変化を遂げた仏教が、さらにローカライズされる歴史を追っていきましょう。

朝鮮半島や中国を経由して日本に仏教が入ってきたことは、みなさんご存じだと思いますが、その伝わり方には二つの系統があります。

まず**一つは、国家として仏教を受容・導入するオフィシャルな流れ。もう一つは人々の経済活動や交流の中で、ごく自然に仏教が流入してくる民間の流れ**です。

そして、現代の私たちが歴史として追うことができるのは、前者のオフィシャルな流れのみです。民間で伝わったものは文書として残りませんし、今も残るような巨大寺院を建てるには国家の力が必要だったためです。

私たちが史料から追跡できるのはオフィシャルなほうだけであるものの、それらは民間から伝わった仏教からの影響も、少なからず受けているはずです。歴史を見る際には、それを頭に留めていただければと思います。

日本に仏教が入ってきたきっかけは、朝鮮半島や中国との国家外交でした。初めから国家統治のツールとして導入されたのです。

詳しくは後述しますが、国家の安定的な運営・統治のためには、神道では不十分だったという理由もありました。そもそも神道という呼び方自体が、仏教の対比として生まれたようです。

官僚機構の一部として導入された仏教ですから、当時のお坊さんはいわゆる公務員で、国家に認められた僧侶「官僧」でした。それに対して、官の許可を得ずに得度（出家）した民間の僧侶を「私度僧（しどそう）」といいます。

私度僧であることは、奈良時代には禁じられていました。「勝手に僧侶の格好をし、国が導入したものとは異なる教えを説いている」として、罪に問われたのです。

この私度僧として有名なのが、行基[01]です。民間で伝わってきた仏教にルーツを持っていたであろう彼は、民衆からの信頼は厚かったものの、国家資格がないために何度も捕らえ

01 行基
668〜749年、奈良時代に活動した僧侶。仏道修行を経て、民間布教や社会事業に尽力。後に聖武天皇の帰依を受け、東大寺の大仏造立に奔走した。

られています。いわば、天才無免許医師として有名な、漫画『ブラック・ジャック』のような存在だったのですね。

本来の仏教のあり方を考えると、修行者が旅をしながら教えを説き、それを聞いた民衆が自分の心を安定させる方法を得て幸せになり、それがまた周囲に広がり、そこに新たな僧侶が生まれて……というふうに伝播するのが理想的な形でしょう。

しかし実際にはそうではなく、国家が統治ツールとして輸入することで伝わってきた。**日本の仏教はスタートの時点ですでに、釈迦牟尼が説いた「一人一人が苦しみから解脱するための哲学」としての形から、かけ離れていた**のです。

神仏習合のパイオニアは聖武天皇？

国家の統治ツールとして日本に導入された仏教が最初のピークを迎えたのは、奈良時代の聖武天皇[02]の治世でしょう。東大寺の大仏建立や正倉院で有名な**聖武天皇は、神仏習合の国づくりを目指したという説**があります。

なぜ、神仏を習合する必要があったのでしょうか。

02 聖武天皇
在位724〜749年。災害や疫病、貴族の勢力争いで国が不安定だったため、各地に遷都したのち平城京に戻る。積極的に唐の文化や制度を取り入れ、全国に国分寺・国分尼寺を建立したり、東大寺の建立など仏教を中心とした国づくりをおこなった。

大和朝廷は中央集権国家としての形を取っていたものの、国家全体に一層のまとまりを持たせるために、宗教政策を必要としていました。

日本に古くからある神道は、土着信仰なのでローカル性が強い。その土地ごとに神様がいて、土地の民衆はその氏子（日本的にいうと子孫）という形になっています。これでは独立小国家がひしめく状態で、中央集権的なまとまりに欠けるだけでなく、朝廷への反乱も懸念されます。

そこで、**既存の神道に仏教を統合させることで、中央集権国家としての力を強めようと試みたのです。**

私に神道を教えてくださったある先生は、聖武天皇がこのような手法で神仏習合を試みたという説を展開しています。

まず、神道の世界観に基づき、各国に一宮、二宮、三宮……と神社を配し、伊勢神宮を頂点とする神道ネットワークを形成しました。

同時に仏教、とくに華厳経の世界観に基づいて全国に国分寺、国分尼寺を建設していったのです。その国分寺、国分尼寺の頂点に立つのが奈良の東大寺で、大仏殿には華厳経が説く根源の仏である盧舎那仏（るしゃなぶつ）が鎮座しています。

つまり聖武天皇は全国に神道（伊勢神宮）と仏教（東大寺）、二つの頂点を持つピラミッ

03 国府
奈良時代や平安時代に、律令国の国司が地方を統治するために置かれた行政拠点（役所）。

天皇を中心としたネットワーク

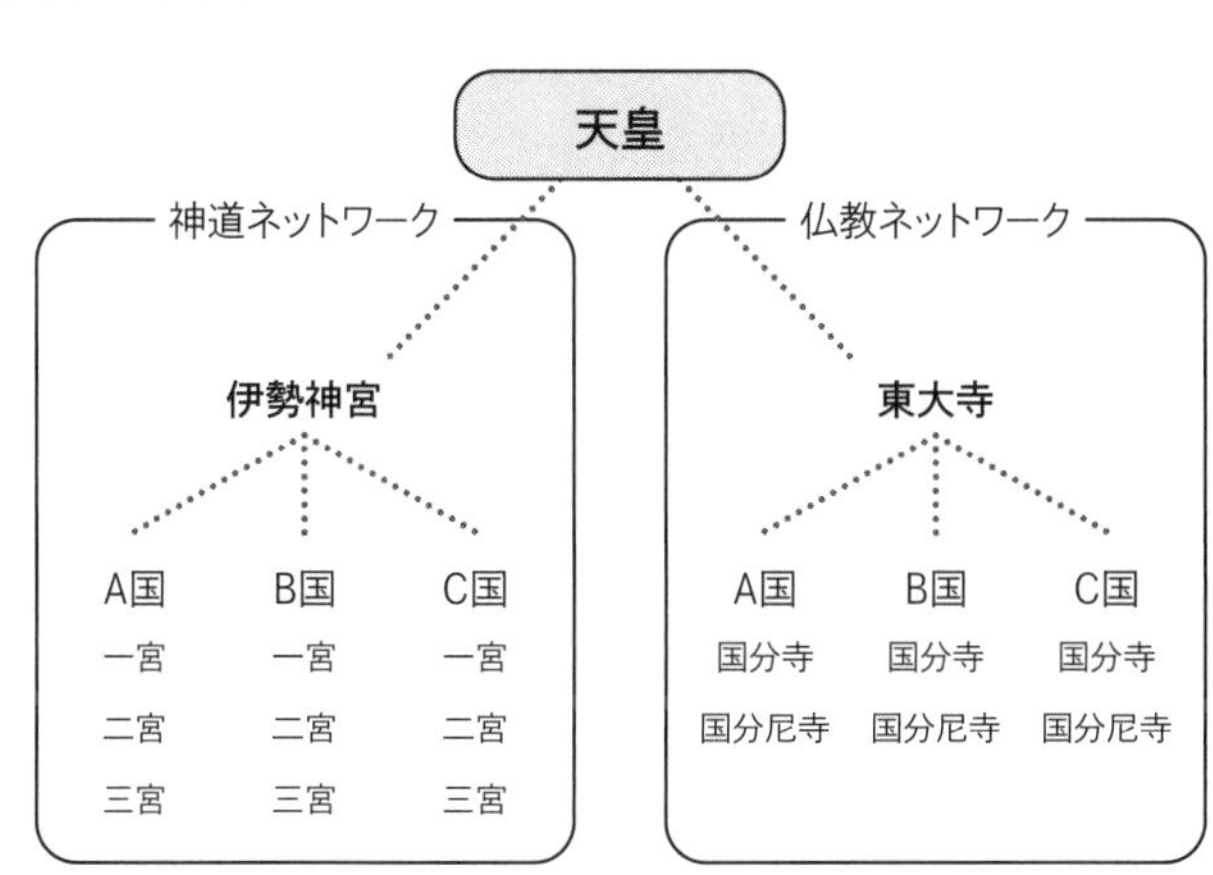

ド構造を作り、さらにその二つを統括するのが天皇であるという仕組みを構築したというわけです。

神話と血筋による支配権（神道）に、慈悲と叡智の君主である（仏教）という正当性を加え、既存の慣習と仏教論理を融合して国家を安定させようとした、とする説です。

実際に、当時の国府[03]と一宮、国分寺は非常に近接していることが多く、統治政策の一環として設計されていたと考えることは不可能ではありません。

聖武天皇はこのような形で国家の精神的支柱を作ろうとしていた、という見方もできて、とても興味深いですよね。

日本にもダライ・ラマ制度ができていたかもしれない

聖武天皇には跡継ぎの男子がいなかったため、譲位後はその娘が即位し、孝謙・称徳天皇[04]となります。

孝謙・称徳天皇は、平城京の西側に西大寺を建立し、ここを中心に父・聖武天皇が目指した神道と仏教の融合をより進めようとしていたようです。

西大寺には、寺に保管する宝物や資料を記した「西大寺資財流記帳」があります。おもしろいことに、そこに密教らしき尊格の名前が散見されるというのです。当時は弘法大師（空海）が日本に密教をもたらすよりも前ですから、孝謙・称徳天皇は、民間から流入した密教の知識があったのではないかと考えられています。

またこの時代には、修験道[05]の開祖である役行者や、皇位を狙ったとされる僧侶・弓削道鏡[06]が現れています。

神仏習合という観点から歴史を見ると、彼らの存在もまた、一般的なイメージで知られる以上に大きく浮かび上がってきます。

ここから先の話は、学術的に立証されているものではなく、歴史ロマン色の強い仮説であることをご容赦ください。

04 孝謙・称徳天皇
在位７４９〜７５８年、７６４〜７７０年。聖武天皇の娘で孝謙天皇として即位。淳仁天皇に譲位後の上皇時代に藤原仲麻呂らが乱を起こしたため、その責任で天皇を退位させ、称徳天皇としてふたたび即位。西大寺を建立。

05 修験道
役行者を祖と仰ぐ、日本独自の仏教の一派。日本古来の山岳信仰をベースに、仏教や神道、陰陽道が習合して形成された。山々で厳しい修行をおこなう人を山伏と呼ぶ。

孝謙・称徳天皇はひょっとすると、**神仏習合の完成形態として、仏教の最高実力者が神道世界をも統べる「神聖皇帝」として即位するイメージを持っていたのではないか、**という見方ができるように思うのです。

僧侶でありながら皇位を狙ったと悪名高い道鏡ですが、仏教者としては大変知識が深く有能で、孝謙・称徳天皇の信頼も厚かったといわれています。

現代まで続く天皇制は、血筋を重視するものです。一方で、仏教の本来の思想は「尊い人は、生まれではなく行いが尊いから『尊い』とされるのだ」というものですよね。孝謙・称徳天皇は仏教を学んでこの価値観に共感し、「天皇は血筋に関係なく、その地位にふさわしい者、つまり道鏡がなるべきだ」と考えたのかもしれません。

結果的に、道鏡が皇位につくことはなかったのですが。

歴史は常に、勝者がつむぐものです。この時代の歴史で私たちが知り得るものは、孝謙・称徳天皇や道鏡と対立していた勢力が記録したものですから、自分たちを正当化するために、道鏡を必要以上に悪者として描いたことは、じゅうぶんに考えられます。

もしこのとき、孝謙・称徳天皇と道鏡の思いが実現していたら、日本にもダライ・ラマ[07]のような制度ができていたかもしれない——。歴史に「もし」はないのですが、想像が膨

06 弓削道鏡
インド瑜伽行派の思想を継承する法相宗の僧侶で、サンスクリットや瞑想にも精通していたとされる。孝謙・称徳天皇に重用され、僧侶としての最高位「法王」の称号を与えられた。しかし、皇位を狙ったとされ（宇佐八幡宮神託事件）、失脚。

07 ダライ・ラマのような制度
チベット仏教の最高指導者であるダライ・ラマは、世襲制や選挙制ではなく、先代の死後、その生まれ変わり（地位にふさわしい者）を探し、ダライ・ラマに認定する制度を取っている。

らむところです。

その後も朝廷ではさまざまな勢力争いが起こり、結局、聖武天皇とは別系統の桓武天皇が即位し、都を京都に移します。

新たな精神的支柱をつくった最澄と空海

京都に遷都した桓武天皇は、奈良時代とは違った、新しい日本の精神的支柱を作ろうとしました。

そこで白羽の矢を立てたのが、伝教大師・最澄[08]です。**最澄を唐に派遣し、中国で智顗が「最高・最新の教えだ」と定義づけた天台宗を学んでくるように命じました**▽P.270。最澄は一目散に天台山に赴き、国家を背負って法華経を学びます。

出港した遣唐使船4隻のうち、中国に着いたのは2隻だけ。そのもう1隻に乗っていたのが、弘法大師・空海[09]でした。

空海はおそらく、民間のルートから仏教の最新バージョンは密教だという情報を入手していたのでしょう。長安で恵果（けいか）という優れた僧侶に弟子入りし、国家とは関係なく自らの探求心で密教を学んでいきました。

08 伝教大師・最澄
奈良時代に国家に認定された僧侶となる。平安時代になって間もなく、中国の唐に天台宗を学ぶ。帰国後は日本の天台宗の開祖となり、比叡山に延暦寺を開いた。

09 弘法大師・空海
平安時代初期の僧。仏教の修行をする中で密教に出会い、唐で深く学ぶことを志す。都の長安で真言密教を余すところなく学んで帰国、国家仏教として定着させた。日本の真言宗の開祖。

最澄と空海がそれぞれ中国で学んでいる間に、「大陸の最新トレンドは密教らしい」と、日本における中国の仏教情報が更新された可能性があります。

まじめに天台宗を学んだ最澄が帰国すると、密教が最新バージョンだとの情報を得ていた桓武天皇から「密教も学んできたか？」と催促されます。最澄は焦りました。天台宗を学べと言われたから必死に学んできたのに……。

実は最澄は、帰国の船を待つ間、たまたま居合わせた僧侶から密教のことを少し聞きかじっていました。そのとき教わった密教を朝廷に紹介します。そこに後から、密教を専門的に学んだ空海が帰ってきたのです。

しばらくすると、最澄の後ろ盾だった桓武天皇が亡くなり、空海を取り立てていた嵯峨天皇が即位。最澄には何とも気の毒な話ですが、こうして日本仏教のメジャーは、密教になっていったのです。

唐で密教を学んできた**弘法大師自身はおそらく、「一人一人がより良く生きるため」という仏教の本来の趣旨を理解していた**でしょう。その様子は文献からもうかがい知れます。

しかし、それを受け入れる朝廷側は、やはり国家のためのオフィシャルなものとして扱

います。国家の安寧を願って儀式を執行する形は、その後も変わらず続いていきました。

平安時代も末期になると、社会の状況が不安定になります。武士が力をつけて貴族さえも脅かすようになり、源平の合戦から鎌倉時代へと突入していきました。

社会情勢が不安定になると、それまで権力を持っていた勢力の権威が弱まり、「今まで通りのやり方では無理だ」と新しい思想が現れることは、これまでにもお話しした通りです▽P.246。中には中国に学びに行った僧侶もおり、浄土宗や禅宗など、いわゆる「鎌倉新仏教」と呼ばれる新しい宗派が登場します。

ただ、日本国内では「これは新しいぞ」「今までと違うぞ」と珍しがられたのですが、仏教全体で見ると、浄土宗や禅宗のほうが、天台宗や密教（真言宗）よりも生まれは古いのです。インドから中国に伝来する過程でのねじれと同じようなことがまた、中国から日本でも起こっていたというわけです。

しかも興味深いことに、そこにある種の整合性が取れてしまっている。日本のローカル仏教の中では「天台宗・真言宗が古く、浄土宗や禅宗が新しい」で間違いないのですが、仏教全体を議論する際にその認識では間違いになってしまいますので、この点を理解していただきたいと思います。

「鎌倉新仏教が日本の仏教を一新」って本当？

ところで、鎌倉新仏教について、歴史学者の黒田俊雄さんが提唱した「顕密（けんみつ）体制論」という興味深い学説があります。

どんな学説かというと、私たちの一般的な歴史認識では、鎌倉新仏教が出てきたことで、真言宗・天台宗中心だったそれまでの日本仏教が一新された、というイメージがあります。でも、実はそうではないのではないか、というのです。

私たちが歴史を学ぶために使った教科書や書籍は、明治以降、もっといえば戦後に作られたものですよね。その編集の際に、各宗派の主張することを取り入れた可能性があるのではないか。たとえば浄土真宗であれば信徒にインタビューをし、宗派に伝わる史料を「歴史」として採用したかもしれないということです。

当事者の発言にはどうしてもバイアスがかかってしまいます。ですから一般向けの歴史は、国家などのオフィシャルな文献に頼るべきだというのが、黒田さんの主張なのです。

実際に、さまざまな文献を調べると、**戦国時代や江戸時代も、平安時代以来の「真言宗・天台宗がメインストリームの日本仏教」が揺らいでいないことが見て取れる**そうです。

インドの事例を思い出してみましょう。インドも、紀元前にアーリア人が持ち込んだヴェーダの宗教（バラモン教）を中心として精神文化の基盤ができました。その後、仏教やジャイナ教が、もっと時代が下るとシク教が分岐したり、イスラム教が入ってきたりしながらも、現在もヴェーダを聖典とするヒンドゥー教がメインストリームであることは揺るがないですよね。

日本も、それと同じなのではないでしょうか。「親鸞聖人の登場で、民衆にも仏教が広がり……」というのは間違いない事実ですが、日本中がそうなっていたというよりは、「平安時代に基盤が固まった仏教体制の周辺現象として、鎌倉新仏教も一定の力を持った」と考えるほうが、自然であるように思います。

教科書や本の知識は、わかりやすく整理されて書かれており、あくまでも歴史の「一面」を伝えているにすぎません。それらを無批判に飲み込むのではなく、世界をあらゆる方向から見ることの大切さを、聖武天皇の神仏習合説や顕密体制論は教えてくれています。

PART 22

日本の文化と仏教②

「仏教の神道化」の象徴、檀家制度

前のPARTでは、奈良時代から鎌倉時代までの日本の仏教についてお話ししました。国家を統治するためのツールとして導入され、一人一人が苦しみを成就させずにより良く生きるための方法論」という、仏教本来の姿とは異なる形で発展したのでしたね。

江戸時代に入っても幕府はその〝伝統〟を受け継ぎ、社会の支配構造を安定させるための1セクションとして仏教を利用しました。むしろ、その様相は色濃くなったといえるでしょう。

具体的には、**寺を地域の戸籍を管理する役所として機能させたのです。今も続く檀家制度は、ここから始まりました。**

檀家の家にはその寺が発行した位牌が置かれ、月参りなどの法事という形でお坊さんが家々を回る。**定期的に訪問することで、隠れキリシタンがいないか、民衆が談合して一揆を企てていないかなど、寺が地域を監視する役割を果たしていた**のです。

僧侶の位置づけも奈良・平安時代から変わらず、葬式や法事でお経を唱える、死者の鎮魂儀礼をおこなうなどの「儀式の執行人」としてとらえられていました。それを無難にこなしていれば幕府から目をつけられることもないし、檀家制度によって経済的に安定する。**僧侶自身にとっても「食べていくための職業」だった**わけです。

もともと仏教は、外国まで出かけて交易をする商人たちが、日々変わっていく状況に対応するために、心のよりどころにしていたものです。しかし日本ではいつのまにか、**その土地に人々を固定し、閉ざされたコミュニティを維持していくためのツール**として使われるようになりました。

本来の姿とは正反対となり、仏教が神道化、土着信仰化したというわけです。皮肉なことに、インドではカウンターだったはずのヒンドゥー教と同じような位置づけになってしまったのです▽P.264。

この結果、民衆にとっても僧侶にとっても、「仏教が仏教である理由」が必要なくなります。大乗仏教の柱である「唯識」や「空」の概念も、ほぼ無意味になっていったのです。

そんな時代にあっても、今でいう大学の研究者のように、学問として仏教学を研究する僧侶がわずかながら存在しました。

その一人が慈雲尊者（じうんそんじゃ）[01]です。釈迦牟尼以来の真の仏教の教えがどういうものかと研究して、サンスクリット語の辞書を作ったり、日本の神仏習合をロジカルに融合させたりと、素晴らしい実績を残しました。

けれども彼のような存在は例外的で、日本の仏教のあり方を変えるところまではいかなかったようです。

制度として浸透しても、人々の心には浸透しなかった

そして明治維新によって、日本のこれまでの価値観が一新されます。**新政府は神道を中心とした国家体制にするため、これまで習合していた神道と仏教を分離し、仏教を抑圧しました（廃仏毀釈（はいぶつきしゃく））**。これによって、僧侶たちは一斉にモチベーションを失ったといわれています。

このころ、新政府の要請や祖国からの調査で日本を訪れていた外国人たちの日記には、

01 慈雲尊者
1718〜1804年。釈迦牟尼本来の教えを重視し、仏教の原点回帰を図ろうとした学僧。サンスクリット語を学び、神道や儒学にも造詣が深い。仏教で心がけるべき10の教え「十善戒」を平易な言葉で解説した『十善法語』などを著した。

ところどころに僧侶の記述も登場します。その中には「彼らは話が噛み合わず、知性・品性ともに、一般の人たちよりも劣っている」という、ひどい表現があるのです。

もちろん、そんな人はごく一部だったはずですし、このような書き方をされて、私も僧侶として非常に残念で、忸怩たる思いがあります。

けれども、お坊さんが「さしたる知識も必要ない、単なる儀式の執行人」となり果てていたこの時代に、外国人から見て「大丈夫か？」と思う状態の人もいたのだろうということは、納得せざるを得ません。

そんな状況ですから、廃仏毀釈を進める政府の要請に従い、喜んで還俗した人も多かったといいます。

民衆側もこうした動きに対し、一部の熱心な信徒を除いては「私たちの仏教を、何としてでも守らなければ！」と立ち上がることはありませんでした。「お寺がなくなるのか。別にいいけど、お葬式はどうするんだろう？」くらいの感じだったのかもしれません。

これらの状況が意味するのは、**江戸時代260年間を通じて、仏教が民衆にさほど支持されていなかった**ということです。

そもそも官僚組織の一つとして日本に入ってきた仏教ですから、「お上」にはシンパシーを感じにくくて当然なのかもしれません。日本における仏教のこうした位置づけが、現代の私たちにもリアルに響いていると考えられます。

はからずも日本で、仏教がバラモン教に先祖返り

今、日本で一般の方に「お坊さんって何をする人だと思いますか？」と聞いたら十中八九、「お葬式や法事をする人」という答えが返ってくるはずです。これがミャンマーやチベットであれば「私たちの先生です」となるのですが……。

逆に私のほうから「素晴らしいお坊さんって、どんな人だと思いますか」と若い方に尋ねると、「声がいい」「字がうまい」「話が上手」「清貧である」「袈裟姿が似合う」などと返ってきました。仏教の本質にはまったく関係のないことがどんどん出てきてしまう。

真っ先に出てくる「声がいい」という答えは、「お坊さんとは、お経を朗々と唱える人である」というイメージが強いのでしょう。私はここに興味深いものを感じます。

というのも、インドのバラモン教やヒンドゥー教の司祭バラモンは、ヴェーダという聖典を、抑揚や言葉を間違えずに朗々と唱え上げることが大切だとされているからです。

つまり、**日本人がまったく意識していないうちに、仏教の「先祖返り」が起きているの**です。仏陀はほこらの中に収まって土着の神様と化しているし、僧侶たちはバラモン化して、お経を朗々と唱えることで人々を陶酔させる職業になっている。

まさに「仏教のヴェーダ化」といえる現象が、インドから遠く離れた日本で起こっていることは、おもしろいですよね。

仏教が土着信仰化した現代の日本では、本書でお話ししてきたような「本来の仏教」の姿は、イメージしにくいはずです。

唯識では、すべてのものごとは自分の認識があってこそ成り立つと考えるんでしたよね。**今は、多くの日本人の末那識（その人がこれまでの人生で摂取した経験や情報の集合体）の中に、本来の仏教がない状態です。**つまり日本人の中に、そして日本社会に「真の良き仏教」が存在していないことと同じなのです。

これが、今の日本の偽らざる姿だと思います。

思考の土台・材料として、本来の仏教を提示したい

このような状況の日本で、**私が自分に課しているミッションは、自分が思う「良き仏**

教」を、みなさんに提示することです。

仏教は、世界をより良い方向に変えていける思考法だと私は思っています。VUCAや承認欲求など、現代的な事象とも親和性が高いことは、第1部でお話しした通りです。

ですからまずは、それを多くの人に知ってもらうこと。そうでないと、みなさんも判断のしようがないですよね。

現在は、私が可能性を見いだしている「良き仏教」が日本人の認識の中にない状況です。存在するAとBを比べることはできますが、存在するAと存在しないBを比べることはできないので、良き仏教を「存在するもの」に昇格させることが、まず取り組むべきことだと思っています。

そして仏教を、自分や社会のあり方を考えるための材料の一つにしていただきたいのです。

みなさんが、今の社会を「このままでいい」と考えているなら、とくに何もしなくてもいいでしょう。でも私は、このままではいけないと思っている。きっと多くの人がそうではないでしょうか。じゃあどうすればいいのかを考えるときに、考える土台や材料がないと、思考すらできないのです。

日本の学校では、私がこれまで話してきたような哲学や思想を教えません。思考法やその材料を持たないままに大人になってしまったので、多くの人が「このままではいけないと思うけど、どうしたらいいのだろう」とモヤモヤを抱えつつ、日々の忙しさに流されている状況ではないでしょうか。これが一番、良くないと思うんです。

そのモヤモヤに、私は「仏教かもしれない」と投げかけたいのです。これを「仏教だ」と言い切ってしまうと仏教らしくなくなりますから、「かもしれない」くらいの軽やかさで、みなさんが考えるための材料を提供できればと思っています。

ティール組織やDAOにするだけではうまくいかない理由

最近は、ティール組織やDAO（分散型自律組織）など、中央集権的ではなく分散型の社会を目指そうとする動きが出てきました▽P.053。私の周りでも感度の高い方たちが「あれが良さそうだ」「これが必要だ」と議論していて、そうした動きが出てきたこと自体は、とても望ましいことだと感じています。

一方で、それが本当にいいのであれば、なぜ今までそうなっていなかったのか。DAOのように、**各自がそれぞれの役割を果たし、状況に合わせて柔軟に判断し、一人一人がオープンにつながっていく社会。そうした社会が実現されるには、人々の叡智が必要だと**

思うのです。

仮に「DAOを社会に実装するので、こんな制度を作りました」となっても、その**社会に生きる一人一人に叡智がなかったら、そのシステムの穴をハックして、人を蹴落としてでも自分だけが得しようとする人間が出てくることは、歴史が証明しています。**

たとえば、共産主義。すべての人の平等を目指して、みんなが富を分配して社会全体で連携しようという理論自体は、素晴らしいと私は思います。でもそれを実際にやってみると……。結果は、みなさんもご存じの通りです。

資本主義にしても同じです。「神の見えざる手でバランスが取れる」といわれていますが、現実は本当にそうなっているでしょうか。ルールをうまく使って一人勝ちをする人がいる一方で、その割を食い続ける人が出ているのが実情であるように思います。

理論は素晴らしいのに、実際にはそうなっていない。その原因が何かと考えると、そこに生きる人々の叡智が足りないからではないでしょうか。自分が得をするための小賢しい知識ではなく、みんなが幸せになるための本当の智慧。これが欠如しているから、いつまで経ってもDAOはできないし、システムはハックされ続けるし、正直者は馬鹿を見る、ということになるのです。

そこに2500年前から取り組んできたのが、仏教です。

仏教が本来的に説いている**唯識や「空」の叡智を、一人一人が「さとる」とまでいかなくても、ある程度身につけることができれば、社会は自動的にDAOになっていくはず**です。

そもそも、自分の外にある概念や仕組みを実存的にとらえ、先に用意しようとするのは西洋哲学的な考え方です。西洋哲学が悪いわけではありませんが、人類が西洋哲学OSでひた走ってきた結果、そのひずみが至るところで噴出しているのが現代です。

ですから、今まで通りのやり方を続けても、ティールだ、DAOだという言葉が先走り、システムを作ってもハックされて元も子もなくなる、ということを繰り返してしまう。

DAOな社会になるための「種」は、一人一人の心の中にあるはずです。これまで通りのやり方に無理が生じ始めた今こそ、そちらにフォーカスするほうがいいのではないかと私は思います。

もちろん、それと同時進行で、自律分散的な社会になるような仕組みづくりも必要です。ただ、その制度を作るのは、すでに利権を持っている人たちですよね。きっと新しい制度にも「私の利権が失われないように」という意図が反映されるでしょうから、制度や仕組みだけに頼っていてはいけないのです。

一人一人が「自分ごと」で考えることが、社会を動かす

今の世界の状況では、自律分散型の社会が問題解決につながるという考えは正しいでしょう。しかし場合によっては、瞬間的に独裁社会や共産主義が最適解となるケースもあるかもしれません。

世の中のすべてのことは関係性によって流動し、変化していきます。**「DAOが究極で最高の状態だ」と固定的に考えた時点で、仏教的にはアウト**です。置かれた環境や、自分の外にある枠組みを自明のものとしてとらえるのではなく、常に変化に対応していくことが、私たちに求められるスタンスなのです。

すべてのものごとには絶対性がなく、関係性によって常に移り変わる。
そして自分は、関係性で成り立つ大きなネットワークの一つの結節点である。
「私」とは「『私以外のすべてのもの』ではないもの」であり、「私以外のすべてのもの」と等しい存在である。だから自分の利益のためにも、全体のために行動すべきなのだ。

仏教が説くこの智慧を心に入れていただき、一人一人がそれをベースにした生き方をできるようになれば、〇〇主義や〇〇体制という枠組みにかかわらず、自然に幸せな社会になっていくと思います。

弘法大師は、「その社会で起こるあらゆることは、その社会をつくる人々の心の表れなのだ」という言葉を残しています。これがすべてではないでしょうか。

本書を読んで、これからの世界に仏教が果たせる役割があるのかもしれない、「仏教かもしれない」と思っていただけたのなら、どうか、本を閉じた後に「へえ〜、そうなんだ」で終わらせないでください。

みなさんが、心のあり方や思考材料の一つとして仏教を活用し、世の中で起こることを「自分ごと」として考えることで、本当に一歩ずつ、でも確実に社会は変わっていくと、私は期待しています。

おわりに

本書は対話形式で収録された音声コンテンツを書籍化したものです。これは実は、非常に仏教らしいスタイルだと思っています。というのも本来の仏教とは「対話」によって紡がれ、活かされていくものだと思うからです。遙か２５００年の昔、遠いインドの地で「さとった人」ブッダが、誰かと対話したこと。それが弟子たちによって記され、受け継がれ、世界に広まっていきました。仏教はその始めから、書かれ固定されるという「不動性・絶対性」を持ち合わせてはいなかったのです。

釈尊の教えは、状況と相手に合わせて自由闊達に語られ、当事者たちに共有されてきたものでした。これを「対機説法（たいきせっぽう）」と言います。たとえば、元気が良すぎる人には「もう少しおとなしく」と言い、静かすぎる人には「もう少し元気に」というような具合です。

このようなことは非常に言語化が難しい問題で、一方のみが文書化されてしまうとそれは誤解を招きますし、かといって両説を併記するにしても、どこで言い分けるのか、実際の状況は千変万化ですので固定できません。ですから釈尊は自身の教えを固定化して残そうとしたのではなく、目の前の人々との対話を重んじたのだと思います。

しかし「語られたこと」はその場で流れ去り、そこに居合わせた人々の心の中にのみ生き続けるものですから、誰かがそれを後世に伝えてくれなければ、本当に消え去ってしまう性質のものでした。こうして「経典」というものが生まれ、伝えられているのです。

ブッダや祖師たちの教えを、失うことなく伝えてくれている経典はこの上なく有難いものではあるのですが、私はやはり、仏教の真髄は「対話」にこそあると信じています。

経典はいわば「道具箱」のようなもので、その中に満載されている仏教の教えが「道具」です。道具は必要に応じて使わなければ意味がありません。その便利な道具を使って良い社会を作ろう、幸せになろうという行為が「対話」に当たると私は信じます。

現代日本は教育水準が高く、多くの人々にロジカルシンキング、アカデミックな思考法が行き渡っていると感じています。これは本当に素晴らしいことですが、ともすれば「思考のための思考」となってしまって、「学術的正しさ」にこだわって身動きが取れなくなっているケースも見受けられます。道具箱の研究、一つ一つの道具の分析もたしかに大事ではありますが、それを使って善をなさざれば、その道具は無意味となるのではないでしょうか。

「その人が何者であるかは、その人の行いが示す」と釈尊は言っています。この意味で、すべての人は「それぞれ何かの実践者」です。研究者は研究の実践者、批評家は批評の実践者。僧侶である私は仏教の実践者でありたいと願い、及ばずながらできる限りそう生きてきたつもりです。

本書で見てきました通り、仏教の真髄は「ものごとに絶対性を見るな」「万物は変化の中にあることを知れ」「存在とはつながりであると見て、永遠の生命を生きよ」ということであると考えています。

仏教の実践とは、この世界観に立って自他の幸せを願い生きていくこと。書かれたものや伝統、誰かの説を絶対視することは、これに反します。

本書は、収録時に対面していた野村さんと、野村さんが想定なさったリスナーのみなさんに対して、その状況において紡がれ、語られた「何か」の産物であるといえます。そしてそこに、書籍として出版してくださったイースト・プレスの皆様、編集者の林さん、音源から書籍の形に書き起こしてくださったライターの合楽さんの心が加わって、いま皆さんに読んでいただいたこの本ができ上がっています（誠に有難いことと存じます）。あくまで「このような因果関係」における一つの産物であって、普遍性や絶対性は持ち得ません。

ですから、本書の内容をそのまま「真理真実」と受け取ること、また逆に「誰かが言っていることと違う」「自分が知っていたことと違う」と拒絶すること、これらは「仏教の実践」という趣旨に照らして望ましい読み方ではありません。

どうか、せっかく本書を手に取ってくださったみなさんは、まず前提なしにお読みください。いったん内容を理解いただいたうえで、次はぜひご自身でよく思考・思惟し、いろいろと帰納・演繹して考え、そして理解された内容に従ってご自身の「行動」に反映させてみてください。これこそが、真の仏教思考の第一歩であると考えています。

２５００年もの時の中で、淘汰と研磨に耐えてきた仏教の教え、そのすごさというものは私たちの想像の及ぶところではありません。本書はそのごく小さなひとカケラの、さらにその端っこ程度のものかもしれませんが、仏教の叡智に触れて、活かしていただく何かのきっかけになれば幸いです。

令和五年葉月の頃　寶幢寺にて

金剛佛子　龍源　拝

ビジネスシーンを生き抜くための

仏教思考

著　者 ―― 松波龍源
編　集 ―― 野村高文

2023年 9月10日　第1刷発行
2024年11月10日　第2刷発行

ライティング ―― 合楽仁美
装丁・本文デザイン・図版 ―― 三森健太(JUNGLE)
発行人 ―― 永田和泉

発行所 ―― 株式会社イースト・プレス
〒101-0051
東京都千代田区神田神保町2-4-7
久月神田ビル
Tel:03-5213-4700　Fax:03-5213-4701
https://www.eastpress.co.jp

印刷所 ―― 中央精版印刷株式会社

ISBN　978-4-7816-2190-6